유광종의 관상칼럼 두 번째 이야기
바람기 남자 도화살 여자

남녀의 관상
## 바람기 남자 도화살 여자

2018년 10월  5일 1쇄 인쇄
2018년 10월 15일 1쇄 발행
지은이 / 유광종
발행인 / 김동환
발행처 / 여산서숙
주  소 / 서울특별시 종로구 종로346
         (숭인동 304)욱영빌딩 301호
전화 / 02)928-2393, 8123 팩스/ 02)928-8122
등록 / 1999년12월17일
신고번호제 / 300-1999-192

ISBN 978-89-93513-37-0
값 15,000원

무단복제불허
잘못된 책은 구입처에서 교환해 드립니다.

유광종의 관상칼럼 두 번째 이야기
# 바람기 남자 도화살 여자

오늘밤 제일 좋은 이야기는 사랑
지난밤의 제일 좋은 이야기도 사랑
우리가 나눌 대화에
사랑보다 더 멋진 이야기는 알지 못하네
이 땅을 떠나는 그날까지!

|머|리|말|

　이글은 첫 관상칼럼 〈잘생긴 놈은 인물값하고 못생긴 놈은 꼴값한다〉의 연이은 칼럼이다. 여기서는 남녀의 문제를 중점적으로 다루었다.
　살아가면서 배우자, 자식, 재물 이 세 가지는 인생의 3대 메이저 요소라고 할 수 있다. 따라서 이 셋은 지속적으로 계속 이야기되겠지만 매번 그 접근법과 보는 시각은 달리할 것이다. 또한 이전의 글이 대강이라면 여기서는 좀 더 세부적인 심화학습이다. 이번 칼럼은 이런 심화학습의 글이 여럿 있다. 순수 창작은 아니지만 의미 있는 글이다 싶어 다른 글을 인용한 경우 문단이나 문장을 통째로 빌려온 경우 필체를 달리하여 알 수 있게 했으며 또한 출처를 밝혔다. 하지만 고문의 일화 등은 인용이 많아 원출처가 불분명한 경우도 있다.
　지난번 칼럼에는 없었던 그림과 각종 얼굴도 등이 있는데 이해를 돕기 위해 실었으며 기본명칭 정도는 익히는 게 글을 읽는데 편하다. 역시 5부로 나누었다.
　제 1부 음양은 사물을 보는 동양적 관점을 담았다. 관상 이전에 음양에 대한 기초의 복습이자 심화학습이다.
　제 2부 남녀는 이성 문제를 주테마로 다루는데 물리적 관점 그리고 관상적 시각으로 바라본 남녀의 차이를 엿보고자 한다.
　제 3부 종자론은 자식의 문제를 다루었다. 생명의 본질은 자신의 유전자를 어떻게 남길 것인가 하는 것이 핵심이다.
　제 4부 관물(觀物)은 내부의 에너지가 외부로 표출되어 외형이 결정되는데 겉으로 드러난 외형에서 사물의 기운과 이치를 읽고자 한다.
　제 5부는 널리 알려진 인물들에 대한 평을 담았다. 첫 칼럼이 나온 후 인물평이 부족하다는 의견이 많았다.
　부록은 관연재에 가끔씩 올린 나의 삶에 대한 소회다.
　책을 만드는데 도와주신 김민재님, 강성연님 그리고 미단 허남욱님과 여산서숙 김동환 사장님과 임직원분들께도 심심한 감사를 드린다.
　독자 제현의 질책과 무운을 빈다.

■차 례■

머리글•5

## 제1부  음양(陰陽)

생명의 음양, 음식과 호흡 ·················15
양남음녀 ·····························17
체형 남녀 ····························19
관상 남녀 ····························20
이마 좋은 남자 턱 좋은 부인 ···············21
남자는 배 여자는 항구 ···················23
오악과 사독의 분류 ·····················25
오악과 사독의 심화학습 ··················28
사족(蛇足) 그리기 – 고수의 궁합법 ···········31

## 제2부  남녀(男女)

남녀가 친구가 될 수 있을까? ···············35
부부의 연(緣) ·························36
과부의 상 ····························38
바람기의 추정과 대비책 ··················40

■ 차 례 ■

관상으로 살펴본 성능력 …………………………………43
문지방 넘을 힘만 있어도 여자를 넘본다 ………………45
얼굴에서 남녀 배우자의 차이 ……………………………47
미모가 운명을 결정하지는 못한다 ………………………48
제 팔자에 이혼수가 있나요 ………………………………50
생물적 진화 …………………………………………………52
질투 ……………………………………………………………54
남녀의 질투심의 차이 ………………………………………56
질투심이 많은 상 ……………………………………………59
월하노인의 유래(혼인의 신) ………………………………60
좋은 배우자는 사랑과 우정이 공존한다 …………………62
궁합의 이치 …………………………………………………64
얼굴에서 배우자의 추정 ……………………………………65
방중술의 여성상 ……………………………………………67
사미와 오병 …………………………………………………68
재물과 배우자 기색의 구분 ………………………………70
눈과 눈 사이 ………………………………………………71
해로동혈(偕老同穴) …………………………………………73
여성의 모발 남성의 수염 …………………………………75
유혹 …………………………………………………………77
성감대 1. 一門二裏 三溝四間 ……………………………82
성감대 2. 온도가 요술을 부린다 …………………………84
성감대 3. 물길을 따라가라 ………………………………86
도화살은 동료보다 이성을 홀린다 ………………………87
도화살(桃花煞)의 심화학습 ………………………………88

■차 례■

남자의 다층구조 …………………………………………93
바람기도 타고나야 ………………………………………95
한정설과 샘물론 …………………………………………99
조강지처와 칠거지악 …………………………………101
스캔들과 내로남불 ……………………………………102
사족(蛇足) 그리기 - 운세 사이트 유감 ……………104

## 제3부  종자(種子)

생명의 시원과 종말 …………………………………109
남의 것을 훔쳐라 ……………………………………110
어머니의 아들딸 구별법 ……………………………112
생명 시작의 체용 ……………………………………114
생명의 생존전략 ………………………………………116
성호집에서 ……………………………………………118
유장상법에 나타난 자식론 …………………………119
칭찬을 많이 하자 ……………………………………121
부모와 자식의 충돌 …………………………………123
어미와 새끼 ……………………………………………125
사족(蛇足) 그리기 - 결혼의 미학 …………………126

■ 차 례 ■

## 제4부  관물(觀物)

소갈머리 없는 남자, 주변머리 부족한 여자 ············131
여자는 다혈질(多血質) ····································132
인연에 대한 민담 두 편 ··································133
정재쌍전(丁財雙全) ········································136
관상 능력과 기업규모는 비례한다 ·····················137
눈은 중앙통제센터의 컨트롤 타워다 ··················138
육요 명칭의 원류를 찾아서 ······························140
기미를 보고 미래를 예측한다 ···························144
인생 이모작은 회갑(回甲)부터다 ························145
직업별 눈빛 ··················································147
턱은 노년의 운세를 본다 ································149
이중턱에 대한 고찰 ········································150
비유를 통한 이해 ···········································152
기운 따라 끼리끼리 모인다 ······························154
콜라병과 맥주병 ············································155
귀는 경계의 감각기관이다 ·······························157
뒷머리 관상 ··················································159
큰 꿈을 꾸는 자 색을 다스려라 ························161
유비의 인물론과 조자룡의 충의 ························164
열미초당필기(閱微草堂筆記) ·····························165
타고난 운명 ··················································167
갈등(葛藤) ····················································168
안전사고 불감증은 민족성이다 ·························171

■ 차 례 ■

역리(易理) 단상 …………………………………………173
세상이 변하니 관상의 관점도 변한다 ……………………176
사족(蛇足) 그리기 - 생활의 기술 ………………………177

## 제5부  인물(人物)실관(實觀)

이순신 장군의 실물을 찾아서 ……………………………181
대한의군 참모중장 특파 독립대장 안중근 ………………189
유관순 열사 ………………………………………………190
마피아 두목 ………………………………………………192
러시아 푸틴 대통령 ………………………………………194
뛰어난 언변력의 최태민 …………………………………196
양은이파 조양은 …………………………………………198
영화감독 심형래 …………………………………………200
김종필의 2인자론 …………………………………………202
이완구 전 총리 ……………………………………………204
노무현의 주름살 …………………………………………207
마광수 교수의 갑(甲)자형 얼굴 …………………………209
유해진 입술 ………………………………………………210
한비야의 광대뼈 …………………………………………211
부창부수 - 빌 게이츠와 멜린다 게이츠 …………………213
사족(蛇足) 그리기 - 생활의 달인 ………………………214

■차 례■

## 부록 관연재(觀然齋)

아기는 신의 축복입니다 ·················································· 219
어머니 ······································································· 221
역마살의 말뚝 ······························································ 222
학(學)자 콤플렉스 ························································ 224

글을 마치며 ································································ 227
참고문헌 ···································································· 229

# 제1부
## 음양(陰陽)

역학의 기초인 음양이론을 살펴본다
관상의 기초이론 중 일부를 살펴본다
일반 독자들에게는 어렵고 재미없지만
기초이기에 순서상 1부에 위치한다

# 음양(陰陽)

## 생명의 음양, 음식과 호흡

 생명의 유지는 호흡과 음식으로 이어간다. 이중에 호흡은 양이고 음식은 음이다. 음양의 구분은 여러 가지 형태적 특성에 따라 결정된다. 음양은 반드시 짝을 이루며 움직이기에 둘 중 하나만으로는 살지 못한다. 반드시 두 개가 공존해야 살아갈 수 있다.

 음식은 입을 사용하고 호흡은 코로 하는 게 원칙이다. 호흡이 가쁘거나 격한 운동으로 호흡이 벅찰 때는 입으로 호흡을 보충할 수는 있으나 평소에 입으로 호흡하는 것은 음양의 균형을 무너트린 것이니 흉하다. 입은 음이고 코는 양인데 양만으로는 벅찰 때 음도 양의 일을 보조하는 것이다. 의학적으로 코의 호흡이 코털 등으로 불순물을 거르는 작용을 하기에 코로 호흡을 하라고 권하고 있고 단학 수련 등의 호흡법에서도 코로 숨을 쉬기를 권한다.

 양은 조급하고 그 간격이 좁다. 그래서 단 몇 분만 숨을 멈춰도 죽게 되고 조금만 무리를 해도 과부하가 걸리니 음의 도움을 받아 입으로도 숨의 보조를 맞추는 것이다. 반면 음은 느긋하고 그 간격이 길다. 음식은 몇 십일을 굶어도 죽지 않는다.

 숨은 코로 쉬고 음식은 입으로 먹는다는 이 단순함의 근원을 거슬러 올라가면 동양학이 생명을 보는 근원적 시각과 마주 하게 된다.

그러니 그 근원이 깊다고 할 수 있다.

호흡은 대기의 공기를 들이 마시고 내 쉬는 것인데 이는 하늘의 기운을 흡수하고 내쉼으로서 천기(天氣)와 교류하는 것이다. 천기는 비어있으니 눈에 보이지 않는 무형이다.

음식을 먹는다는 것은 땅에서 생산된 지기(地氣)의 기운을 흡수하는 것이다. 지기는 실제의 물질로 되어 있는 유형이다.

우리가 흔히 장수의 비결로 소식하라고 권한다. 많이 먹으면 항상 문제가 된다. 과부하를 일으키기 때문이다. 반면 우리의 몸은 진화를 거듭하면서 아주 효율적으로 발전해온 탓에 아주 경제적이다. 작은 양으로도 높은 효율을 낼 수 있다. 소식하라는 것은 서양 의학적 시각이다. 음식은 눈에 보이기 때문에 실재하는 것을 믿는 것이며 가장 확실한 방법이다.

반면 동양학에서는 호흡을 길게 해서 생명을 연장할 수 있다고 말한다. 음식은 효율이 높고 굶거나 하더라도 인터벌이 길기 때문에 문제가 별로 없는 반면 호흡은 성질이 조급하기 때문에 이것을 잘 다스려야 된다고 보았다. 단학이나 기타 호흡법은 평생 타고 나는 호흡의 수가 한정되어 있기에 숨을 길게 해서 생명을 연장할 수 있다고 보았다.

요약하자면 서양학은 눈에 보이는 물질을 중시해서 음식인 음을 다스려야 된다고 보았고 동양학은 눈에 보이지는 않지만 호흡을 중시해서 양을 다스려야 된다고 보았다.

호흡을 담당하는 코는 위에 위치하고 있으며 음식을 담당하는 입은 아래에 위치하고 있는데 이 둘은 모든 면에서 서로 상반된 입장을 취하고 있다.

코는 호흡 외에 냄새를 맡기도 하는데 이는 수동적 기관이다 그래서 움직일 수 없다. 입은 음식 외에 말을 하는데도 사용되며 움직일 수 있는 능동적 기관이다.

코는 정보의 흡수만 할 수 있는데 코가 냄새를 맡아서 우리 생활에 손해를 봤다 이런 경우는 없지만 입은 에너지의 발산을 담당하다 보니 말을 잘못해서 손해 보는 경우가 많다.

코는 양으로 천기와 소통하고 입은 음으로 지기와 소통하는데 코와 입 사이에 인중이 있으니 이는 하늘과 땅 사이에 사람이 있음을 뜻한다. 천기는 대기 중에 흩어져 있지만 눈에 보이지 않으니 냄새로 그 존재를 알리고 지기는 물질로 되어 있으니 형상으로 그 에너지 상태를 알린다.

## 양남음녀

남자는 양이다. 기(氣)는 양이다. 남자의 병은 기병(氣病)이 많다.
여자는 음이다. 혈(血)은 음이다. 여자의 병은 혈병이 많다.
도를 닦는 사람은 남자는 정의 사출을 막아서 환장보뇌하고, 여자는 적룡(생리)을 끊어서 혈의 사출을 막는다.

### 양살음장(陽殺陰藏)

양은 살기를 띠며 음은 가두는 성질이 있다.
기는 쭉 곧음이 장기다. 기세라 한다. 기세가 있는 정자라야 난자의 막을 찢고 침투한다(양살).
혈은 부드러움이 장기다. 부드러운 장막이 쳐져야 그 안에서 생명이 보호되고 자란다(음장).
양의 특성 중 살기의 성향이 있는데 지나친 적극성의 발로다.
음의 특성 중 거두고 숨기는 특성이 있는데 소극적 특성의 발로다.
'홀아비 3년이면 이가 서 말이고 과부 3년이면 은이 서 말이다.'
남자는 지나친 양의 발로로 아무것도 남는 게 없다. 외향적 적극적 개인적 잇속이 없다.

여성은 거두고 숨기고 하는 것을 잘하니 알게 모르게 자꾸 쌓이는 게 있다.

폭력 남편은 양살의 기운이 강해져서 생기는 현상이다. 이는 양이 양의 특성이 강한데서 비롯된 현상이기에 여성이 양살의 기운을 발하여 폭력적인 여성은 흔하지 않다.

여성은 음장의 성격이 강하여 하나에 정착하면 고정하려는 경향이 있다. 그 결과 여성은 폭력남을 만나도 그 폭력을 견뎌내려고 하지 탈출하려고 하지 않는다.

남자는 얼굴의 특정 부위가 좀 커도 여성보다 흉해가 덜하다. 음이 양의 특성이 과한 것 보다, 양이 양의 특성이 과한 것이 흉해가 작다.

여자는 얼굴의 특정부위가 좀 작아도 그 고통이 남성보다 덜하다. 양이 음의 특성이 강한 것 보다, 음이 음의 특성이 강한 것이 고통이 작다.

**양생음장(陽生陰長)**

양은 생겨나게 하고 음은 성장하게 한다.

기본적으로 양은 생명을 발생시킨다. 여자는 혈의 유출을 막아서 생명의 순환에 손실이 없게 하고 혈의 끊임없는 생성은 생명을 보호하고 성장시킨다.

팔괘도 위쪽이 남쪽이고 아래쪽이 북쪽으로 묘사되어 있어서 보기가 불편하다. 이건 평면도가 아니고 입체적인 공간의 표현이다. 관상에서도 위쪽인 이마가 남쪽이고 아래쪽인 턱 부위가 북쪽이다.

**체형 남녀**

　여자는 몸의 중심이 아래쪽에 있다. 여성은 아기집이 몸의 중심이다. 아기집을 자궁이라 하는데 자궁(子宮)이란 자식의 집이란 뜻으로 궁은 궁궐 궁전 등의 말에서 알 수 있듯이 크고 화려하며 멋진 집이란 뜻이다. 자궁이란 말보다 아기집이란 뜻의 순 우리말이 아름답다.
　여성은 아기집이 가장 중요하기에 이것을 둘러싼 엉덩이가 남자보다 더 발달해 있다. 아기집은 2세를 생산하고 키우는 핵심기관이며 여성의 본질적 가치로 발전해 왔다. 여성의 모든 것은 여기에서 부터 비롯된다. 여자는 남자보다 상대적으로 가슴이 발달한 듯 보여도 그것은 자식을 키우기 위한 것이지 그것이 중심은 아니다. 아기집은 여성의 중심이며 음의 중심이다. 살이 음이며 혈이 음이다. 따라서 여성은 뼈보다는 살이 많고 혈이 풍부하다.
　여성은 음인 하체가 발달해 있는 반면 남자는 양인 상체가 발달해 있다. 아기집이 여성의 중심이라면 심장은 남성의 중심이다. 또한 여성은 육체가 발달해 있는 반면 남자는 정신이 발달해 있다. 남자의 중심인 심장이 여성보다 뇌와 더 가까이 위치해 있기 때문이다.
　역사적으로 유명한 발견 발명 등 정신적 업적에서 비롯된 성과물은 남성이 절대적으로 많다. 단순히 고대사회에서 여성의 사회적 진출 기회가 적어서 그런 게 아니라 구조적으로 정신적 영역이 남성이 강하기 때문이다. 여성은 남성보다 살결의 부드러움이 앞선다. 살결이 부드러워 증식 등의 변이가 쉽다. 이는 자식의 생산과 양육을 위해 진화해온 결과다. 모든 만물이 이런 식으로 진화를 해왔는데 무생물인 나무도 양의 핵심은 씨앗이 되어 다음세대를 준비하고 음의 핵심은 잎이 되어 광합성 작용으로 나무를 성장시키고 낙엽이 되었을 때는 풍부한 자양분의 거름을 제공한다.
　남성은 씨앗의 핵심을 이루는데 집중해 왔다. 남자의 정자(精子)는 생명이 되는 모든 요소를 집약하고 있다. 여성은 생명이 성장할 수 있는 모든 요소를 집약하고 있다. 남녀의 차이는 결국 생명을 발생시킬 인자를 가지고 있느냐 성장 시키는 요소를 지니고 있느냐 하는 차이에서 비롯되었다.

남자는 여성보다 육체적 섬세함과 풍족함이 부족하여 여성의 몸을 잘 모르고, 여자는 남자보다 정신적 치밀함이 부족하여 목표 지향적이고 다중적인 남자의 마음을 이해하는데 서툴다.

## 관상 남녀

남자는 본질이 양이다. 그래서 남자는 양이 좋아야 한다. 몸에서 양의 중심은 심장이라고 했는데 얼굴에서 양의 중심은 코다. 위치상 중심이기도 하지만 얼굴에서 가장 높은 곳에 위치해 있으니 밖으로 두드러진 위치는 양의 특성이다.

여자는 본질이 음이다. 그래서 여성은 음이 좋아야 한다. 몸에서 음의 중심이 아기집(자궁)이라고 했는데 얼굴에서 음의 중심은 입이다.

몸이든 얼굴이든 양이 위쪽에 위치해 있고 음은 아래쪽에 위치해 있다. 방위를 말한다면 남자는 남쪽이고 여자는 북쪽의 위치가 된다. 우리 속담에 남남북녀(南男北女)라는 말이 있는데 남자는 남쪽 사람이 좋고 여자는 북쪽 사람이 좋다는 말인데 최근에는 남북관계에 빗대어 말하기도 하지만 기본적으로 이 속담은 동양학에 뿌리를 두고 있는 말이라고 할 수 있다.

양은 밖으로 드러난 것 외형적인 것을 뜻하며 코는 얼굴의 중심이며 밖으로 돌출된 형태고 외향적이라서 그 기운이 전체 사방에 미친다. 음은 내부로 감추어져 있거나 내형적이며 입은 음의 중심으로 만물의 물길을 받아들이는 통로다. 눈에서 발원한 물길이 코를 지나서 인중을 거쳐서 입으로 연결된다. 또한 귀도 끝이 입 쪽으로 향하며 귀와 입은 서로 호응하는 관계를 취하고 있다. 입은 음을 대표하는 기관으로 오행으로 볼 때 수에 해당된다.

관상 이론 중에 눈을 태양으로 보는 시각이 있으니 눈이 양의 중심이 아니냐고 주장할 수 있다. 눈은 양으로 볼 때 태양으로 보고 음으로 볼 때는 물이 고인 저수지로 볼 수도 있다. 즉 눈은 음양 모두에 해당되며 음양이 시작되는 발원지라고 할 수 있다.

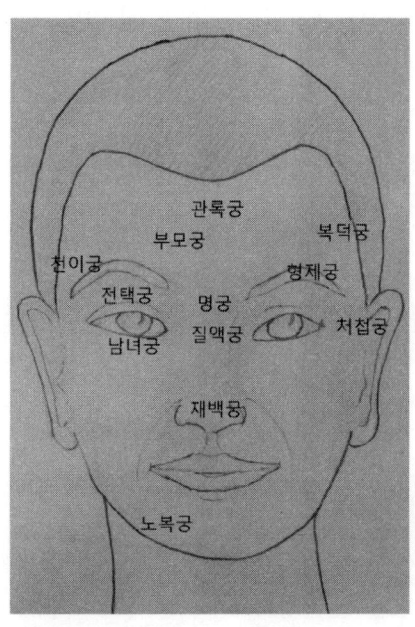

**12궁도** 일반적인 관상의 분류법으로 각 위치에 따른 길흉을 살필 때 사용한다. 그림에서 보다시피 얼굴 상부에 중요한 명칭들이 몰려 있다.

남자가 코가 반듯하고 좋으면 자기 자존심을 세우며 잘 살아갈 수 있는 기반이 된다. 여자는 입이 반듯하면 자신의 지조를 지키며 인생을 평온히 살아갈 수 있는 기초가 된다. 남자의 코가 좋다는 것은 중년에 잘 된다는 의미가 있고 여성의 입이 좋다는 것은 노년이 좋을 것이라고 예상할 수 있다.

맞선자리에서 여성은 코가 반듯하고 눈빛 맑은 남자를 선택하고, 남자는 입이 예쁘고 눈빛 선한 여성을 선택하면 좋은 결과를 얻을 수 있다.

## 이마 좋은 남자 턱 좋은 부인

턱은 부인, 이마는 남편을 뜻한다.

여성의 턱이 좋으면 남편에게 헌신적이다. 물론 남편이 훌륭한 사람이냐 아니냐는 별개 문제다.

남자도 턱이 좋으면 부인과 애정이 깊다. 또한 남편의 이마가 좋으면 훌륭한 남편감이고 부인의 이마가 좋으면 역시 좋다. 하지만 이마는 화며 양을 상징하기에 여성의 이마가 과하면 양이 지나치게 발달한 것이니 남편을 우습게 알고 심하면 이혼도 불사한다.

둘 다 반듯한 게 좋지만 현실은 그렇지 않은 경우가 있다. 하관이 넓어 턱은 발달하고 이마는 부족한 사람이 있고 이마는 넓지만 턱은 빈약한 경우가 있다.

이마와 코, 턱의 삼정은 균형이 맞아야 된다. 또한 위아래 균형뿐만 아니라 적당한 넓이여야 된다. 요즘 V라인 턱선은 위아래 삼정의 균형은 맞아도 턱의 좌우 넓이가 부족하니 턱이 부족한 경우다.

궁합을 생각해보자.

이마는 남편이고 턱은 부인이니 이마 넓은 남자는 턱이 좋은 여자와 서로에게 애정이 깊고 좋은 배우자다. 반대로 이마 부실한 남자와 턱이 부실한 여자는 서로에게 이익됨이 작다.

보통 턱보다 이마를 더 중요하게 본다. 이는 집안에 가장이 반듯해야 좋은 집안이 되는 것과 이치가 같다.

기왕이면 좋은 것만 논하는 것이 좋지만 안 좋은 경우도 보게 된다. 남자의 이마가 부실하면 직업이 불안정하고 사는 것이 어렵다. 여자의 이마가 부실하면 남편복이 부족하다.

턱이 앞으로 나온 형태를 주걱턱이라 하고 그 반대로 턱이 뒤로 꺼진 턱을 무턱이라 하는데 무턱은 애정이 부족하고 자기에게만 헌신적이기를 바라는 이기심이 있다. 하지만 남자와 여자에 있어서 그 표현은 좀 다르다.

여성의 무턱은 받기만 하고 베풀 줄 모르니 남편에게 무관심하고, 남자는 부인에게 애정이 부족하니 항상 새로운 이성을 찾는다. 이른바 바람둥이가 되기 쉽다.

## 남자는 배 여자는 항구

음양의 특성에 따른 차이를 표현한 것들만 추려 뽑았다.

남자 : 발산. 소유. 지배. 미래지향적. 양에 뿌리를 두고 음을 지향한다.

여자 : 축척(모음). 수동적. 정적. 과거추억형. 음에 뿌리를 두고 양을 지향한다.

남자는 주도적이고 능동적으로 움직이고
여자는 보수적이라서 수동적이다.
남자는 리드하고 지시하기를 좋아하고
여자는 이끄는 것 보다 지시받는 게 편하다.
남자는 어지르고(흩트리고)
여자는 모은다.
남자는 자기 것을 주는데 아까움이 적고(발산)
여자는 자기 것으로 받아들이는데 능하다(수렴).
남자는 성적인 것을 밝히고(능동적)
여자는 성적인 것을 바란다(수동적).
남자는 바람이 나도 갔다왔다 하지만
여자는 바람이 나면 갔다가 돌아오지 않는다.
남자는 작은 사랑에 용기를 얻고(긍정적)
여자는 확고한 사랑에도 불안해한다(부정적).
남자는 야동을 보고(시각적)
여자는 로맨스 소설을 읽는다(정서적).
남자는 육체적인 것을 선호하고
여자는 감정적인 것을 선호한다.
남자는 섹스가 사랑이지만(주도적)
여자는 사랑 속에 섹스도 포함된다(포괄적).
여자는 증명된 사랑에도 불안해하고

남자는 작은 사랑의 증거에도 용기를 얻는다.
여자는 수다로 남자를 질리게 하고
남자는 침묵으로 여자를 오해하게 한다.
여자는 성공을 위해 남자를 고르기도 하고
남자는 여자를 위해 성공하기도 한다.
여자는 호기심 때문에 사랑을 하고
남자는 소유하기 위해 사랑을 한다.
여자는 과거를 파헤치고 살고
남자는 미래를 이끌기 위해 산다.
여자는 기다리다 기다리다 찾아 나서고
남자는 방황하다 방황하다 정착하게 된다.
여자는 몰라도 되는 일에 지나친 관심을 보이고
남자는 꼭 알아야 할 일에 전혀 관심이 없다.
여자는 남자의 허풍에 속고
남자는 여자의 외모에 속는다.
여자는 남자의 감정을 느낌만으로 알 수 있으나
남자는 여자의 감정을 말해 줘야 안다.
여자는 남자를 잡기 위해 껴안으려 하고
남자는 여자를 감싸기 위해 껴안으려 한다.
여자는 사랑하는 사람을 독점하기 위해 노력하고
남자는 사랑하는 사람의 수를 늘리기 위해 노력한다.
여자의 과잉친절은 곧 무관심으로 바뀌기 쉽고
남자의 과잉친절은 곧 구속으로 바뀌기 쉽다.
여자는 사랑을 받아야 사랑을 보여준다.
남자는 사랑을 못 받으면 더 사랑을 주려 한다.
여자는 아이를 보면 과거의 자신을 생각하고
남자는 아이를 보면 미래의 자식을 생각한다.

여자는 남자 자체보다는 평판에 이끌리고
남자는 여자 평판보다는 외모에 이끌린다.
여자는 용서할 수 없다고 말해도 잊고 만다.
남자는 용서한다고 해도 남겨둔다.
여자는 많은 사랑을 받아도 대수롭지 않게 생각하고
남자는 조금만 사랑을 받아도 대수롭게 생각한다.
여자는 애교와 주접을 혼동하고
남자는 터프와 괴팍을 혼돈한다.
여자는 해선 안 될 사랑을 호기심으로 시작하고
남자는 해선 안 될 사랑을 이기심으로 시작한다.
여자가 시작한 사랑은 이루어지기 힘들지만
남자가 시작한 사랑은 대부분 이루어진다.
여자는 더 사랑해 주는 남자에게 끌리고
남자는 더 말 잘 듣는 여자에게 끌린다.
여자는 남자를 착각의 황제로 만들고
남자는 여자를 불만의 여왕으로 만든다.
여자는 혈정이 고와야 하고
남자는 기세가 중요하다

## 오악과 사독의 분류

얼굴의 기관 중 밖으로 도드라진 부분은 산으로 빗대어 악(岳)으로 표현했는데 총 다섯 군데다. 이마, 좌측 뺨, 우측 뺨, 턱 그리고 코다. 이를 오악이라 칭한다.

안으로 들어간 형태나 홈이 파여진 곳은 강이나 하천에 빗대어 독(瀆)으로 표현했는데 총 네 군데다. 눈, 귀(구멍), 코(구멍), 입이다.

이를 사독이라 칭한다.

　오악과 사독은 너무 크거나 너무 작아도 생활에 어려움이 많다. 적당한 위치에 적당한 크기라야 된다. 하지만 제한된 얼굴에서 적당한 각자의 균형을 맞춰서 조합되기가 쉽지 않다. 당연히 크고 작으며 높낮이 등의 차이가 생긴다.

　이 차이는 타고난 기질에 의해 결정되며 여기에서 발현한 기운의 차이가 운명을 결정짓는다.

　재미있는 것은 양인 오악은 좌우의 뺨을 각기의 하나로 보아서 총 다섯으로 했고, 음인 사독은 귀와 눈이 각기 나누어져 있지만 하나로 묶어서 표현했다는 것이다. 오악이 왼쪽 뺨 하나, 오른쪽 뺨 하나 이렇게 했으니 사독도 왼쪽 귀 하나, 오른쪽 귀 하나, 눈도 좌측 눈 하나, 우측 눈 하나 이렇게 표현하는 게 공평하지만 음은 좌우를 하나로 묶어서 봤다.

**오악** : 이마, 좌측 뺨, 우측 뺨, 코, 턱.
**사독** : 좌우측 눈, 좌우측 귀, 코(좌우측 콧구멍), 입.

　사독도 오악처럼 이렇게 나누어서 각각을 하나로 본다면 독은 6개가 되어야 한다.

　코는 하나지만 콧구멍은 두 개인데 이것은 너무 붙어있고 하기 때문에 굳이 이렇게 구분하기가 애매하니 콧구멍은 두 개가 분명하지만 그냥 하나로 봤다.

　오악과 사독을 나누는 방식에 있어서 개수의 대한 분류의 정확한 이치를 설명한 것을 보지는 못했지만 추측해 보건데 오악은 양이며 양은 하나, 사독은 음이며 음은 둘.

　양은 하나 음은 둘 그래서 오악은 각기 하나씩이고 사독은 두개가 하나다. 하지만 입은 하나지만 음이다. 극음으로 음을 대표하기에 가장 음적이라서 양의 성향을 나타내는 것일까.

양은 하나 음은 둘 이런 현상은 몸의 장기에서도 드러난다. 신체의 5장 6부 중 5장은 음이고 6부는 양이다.

오장은 음이라 두 개로 구성되어 있다. 간은 두 쪽, 폐는 좌우, 신장도 좌우, 심장은 하나 안에 둘로 나누어져 좌심방 좌심실, 우심방 우심실 이렇게 나누어져 있다.

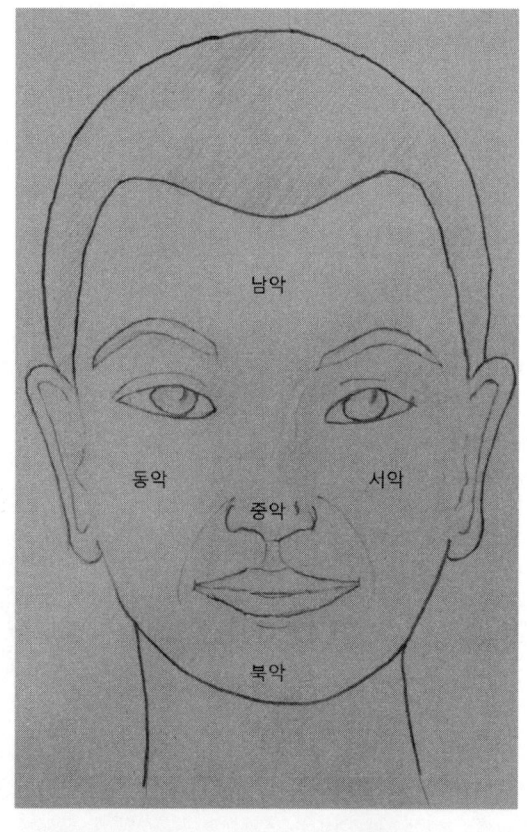

비장은 하나지만 그 특성상 췌장과 짝을 이뤄 한 쌍이다. 육부는 양이라서 각기 하나만 있다. 담낭, 위, 소장, 대장, 방광, 삼초 이렇게 여섯 개다.

오악은 양으로 겉으로 드러난 것이요, 음은 내부에 있는 것인데 오악은 이미 나누어져 밖으로 드러난 것이니 각기 하나가 되는 것이고, 독은 음이며 내부에 있는 것이니 나누어져 있어도 그 기능은 같기에 외형은 둘이되 속의 근본은 하나다.

오악과 사독의 숫자는 관상의 음양에 대한 이론이라면 그 발현은 현실의 상황이다. 그러니 원류가 뭐든 현실이 어떤가 하는 것이 중요하다.

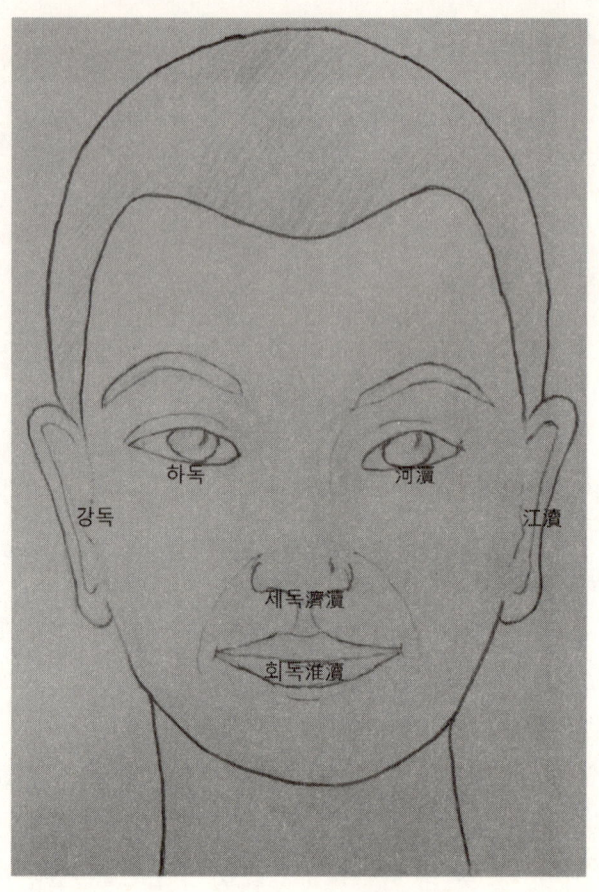

## 오악과 사독의 심화학습

 오악은 양이요 사독은 음이다. 음이든 양이든 적정 크기라야 되는데 적정 크기가 아니면 문제가 된다. 하지만 오악과 사독은 각기 타고난 속성이 음인 여성과 타고난 속성이 양인 남자는 같은 문제에 대해 그 발현에 있어서는 남녀의 차이가 있다.
 오악과 사독이 작다면 그 기능이 취약한 것이니 생활에 어려움이 있다.

이는 남녀 공히 같다. 하지만 큰 경우에는 그 기능이 강한 것인데 이것은 남녀에 따른 편차가 심하다. 그러니 작아서 문제가 되는 경우는 남녀의 편차가 작으니 굳이 남녀를 구분해서 살피는 게 큰 의미가 없을 것 같고, 커서 문제가 되는 경우는 편차가 심하니 이를 중점적으로 살펴보자.

먼저 여성을 살펴보자.

음양이라고 말하니 음이 먼저다. ㅎ.

여성은 관상의 전 영역에 있어서 과유불급의 논리가 적용된다. 남자도 그렇다고 볼 수 있으나 특히 여성에게 해당되는 말이다. 음은 작은 것이고 양은 큰 것인데 음인 여성이 오악과 사독이 크다면 균형이 어긋난 것이니 흉하다. 이는 오악과 사독 모두에 해당되나 음양의 속성상 사독보다는 오악이 클 때 특히 그 흉이 심하다.

여성이 오악이 크다면 배우자와 이별이 있거나 관계가 불행해진다. 즉, 여성은 오악이 크다면 그 자체가 과부의 조건이 된다. 크다는 것은 양이 과한 것인데 음인 여성이 양이 과다하게 많으니 음양의 균형이 무너진 탓이다. 오악이 작으면 그 생활에 어려움이 있으나 지나친 것보다는 낫다.

여성의 사독도 크다면 물론 어려움이 있지만 그렇더라도 오악이 큰 것보다는 낫다. 여성의 오악이 크다면 과부의 조건이 된다고 했는데 사독도 이에 준하는 흉함이 있다. 그래도 그 흉함이 오악이 클 때보다는 좀 덜하다.

요약하자면 여성의 오악과 사독은 모두 지나치게 크거나 작으면 모두 문제가 되지만 그중에 음양의 속성상 오악이 큰 것이 가장 흉하다.

이제 남자의 경우를 살펴보자.

남자가 오악이 크면 여성보다는 흉이 덜하다. 여성은 오악이 크면 과부의 조건이 된다고 했지만 남자는 오악이 크다고 배우자가 없는 조건이 된다는 의미가 약하다. 그 정도까지는 아니다. 사독이 큰 경우도 역시 음양의 속성상 양인 남자가 사독이 크다면 그 흉이 여성보다는 작다.

남자가 오악과 사독이 작은 경우는 오악보다 사독이 작을 경우 그 흉이 가장 심하다. 남자가 사독이 작으면 인품이 쪼잔해진다. 사는 게 고루하고 소심하여 그 처세에 있어서 보통 여자들이 보기에도 답답하며 찌질하다.

이는 단순히 물질적 어려움을 뜻하는 게 아니라 생활에 있어서 마음이 소심하여 자기의 주도하에 무슨 큰일을 할 수가 없다.

정리를 하자면, 여성은 오악이 큰 것이 가장 흉하고, 남자는 사독이 작은 게 가장 안 좋다. 이것은 음양의 속성을 감안한 것이다.

남녀 공통의 사항을 살펴보자.

오악이 작으면 생활력이 부족해서 사는게 힘들다. 오악은 풍성하되 풍성을 넘어 웅장하거나 너무 높으면 안 된다. 상대적으로 사독은 작아도 해가 작다 이는 어디까지나 오악의 상대적인 의미지 무조건 작은 게 좋다는 말이 아니다.

사독이 작은 경우를 살펴보자.

눈은 작아도 큰 장애가 없다. 아울러 눈이 길다면 지혜롭다. 하지만 눈이 크면 신의 노출이 많으니 수명이 짧다.

콧구멍 작으면 인색하나 그런대로 산다. 하지만 크면 헤퍼서 아무리 벌어도 남는 게 없다.

입이 작으면 큰 욕심 없이 삶이 무난하다. 그러나 입이 크면 욕망이 강해서 과도한 욕심으로 문제가 된다.

귓구멍이 작으면 남이 뭐라든지 자신의 의지대로 움직인다. 좀 고집이 있지만 큰 실패가 없다. 하지만 귀구멍이 크면 다른 이의 유혹에 약하니 사람이 가볍다. 이는 모두 음양의 특성상 남자보다는 여성에게 더 적합한 말이다.

## 사족(蛇足) 그리기

### 고수의 궁합법

 내가 어떤 사람을 만나러 서울에 가는데 그분이 사주 고수라고 하자 어느 사모님이 자기와 달봉씨(가명)와의 궁합을 좀 물어봐 달라고 했다.

 사모님은 달봉씨보다 네 살 연상이며 쉰을 바라보는 나이에 짝 잃은 기러기 처지인데다 서로 간에 호감은 있지만 남녀의 인연이란 게 밥 먹듯 그렇게 뚝딱되는 게 아니기에 고민을 하고 있던 차였다.

 서울에서 그분과 또 한 친구와 셋이서 만나 이런 저런 이야기 중 내가 그분들 궁합을 좀 봐달라고 하며 사주를 내밀었다. 자칭 고수의 이분이 사주를 한참 보더니 표정이 점점 심각해진다. 좋다, 아니면 나쁘다의 둘 중 하나지만 이게 만만한 게 아니다.

 한참을 고민하기에 뭔가 심오한 일갈이 터질 줄 알았다.

 "배꼽 맞춰보고 좋으면 (결혼)하라고 해!"

 그 자리의 우리들은 배를 잡고 뒤집어졌다.

 다음날 들은 그대로 사모님에게 전했다. ㅎ~

 궁합비법?

 공통적으로 통용되는 비법; 부부는 닮거나 비슷해야 잘 산다.

# 제2부
## 남녀(男女)

생명은 자신의 영속성과 사후에는
자신의 유전자를 남길 수 있는 방법을 강구한다
남녀의 문제는 생명의 가장 기초적인 본능을
담고 있기에 가장 강력한 감정이다
남녀의 관상은 이 책의 메인 테마다

# 남녀(男女)

**남녀가 친구가 될 수 있을까?**

　남녀사이에 사랑 없이 우정만 존재할 수 있느냐 하는 것은 아주 오래되고 진부한 질문이다. 그럼에도 불구하고 이런 의문이 많은 이유는 세상의 절반이 여자고 절반은 남자이기에 살다보면 만날 수밖에 없기 때문이다.

　남녀가 정말로 사랑 없이 사람 친구로만 지낼 수 있는 조건이 몇 가지 있을 것 같다. 보면 볼수록 끝없이 못생겨 보이든가. 양성애자이든가. ㅎ. 그렇더라도 술이 이성을 마비시키고 밤이 얼굴을 가리면 대책이 없다. 질투가 마음을 움직이고 살결이 마음을 흥분시킨다. 보통 오빠 동생 하다가 여보 당신 하기가 쉽고 생물학적으로는 친구가 불가능하고 정신적인 면만 보면 가능할 것 같기도 하다.

　성적인 문제에 있어서 여자가 통상적으로 좀 더 수동적이다. 그래서 모든 성행위는 남자의 주도하에 움직이는 듯 보이지만 실은 여자도 이에 못지않다. 다만 여성이라는 속성이 그럴 뿐 남자보다 성욕이 작아서 그런 게 아니다.

　그리스 신화에도 이에 대한 얘기가 등장한다. 제우스는 모든 신들의 왕이었고 헤라는 제우스의 정실부인으로 어느 날 제우스와 헤라가 어떤 얘기 중 다툼을 하게 되었다. 남녀가 섹스 시 누가 더 좋은가

하는 것이었다. 여자가 더 좋은 것 아니냐는 제우스의 말에 헤라가 발끈했다. 둘이 결론을 못 내자 테라시우스에게 판결을 내달라고 부탁했다. 테라시우스는 남자로 태어나 여자로 7년을 살다가 다시 남자가 된 예언자다.

테라시우스는 "여자일 때가 9배 더 좋았어요!"

그러니까 1:9 라는 말인데 여자가 좀 더 좋을 것이다 정도라면 이해하겠는데 9배라니 이건 좀 심하지 않는가! 그렇더라도 비교평가를 해볼 방법이 없다. ㅎㅎ.

신화의 역사를 보자면 남녀의 모든 문제는 제우스의 바람기로부터 시작되었고 헤라의 질투심은 역사를 바꾸었다.

남자보다 여자의 감각이 더 크다고 현대 의학에서도 말한다.

남녀의 우정이 사랑으로 발전하는데 있어서 남성이 주도적이라고 생각하기 쉽지만 여성이 꼭 수동적이라고 볼 수만 없다. 남녀사이에는 사랑 없는 우정도 가능하지만 사랑이 생길 가능성을 안고 있고 우정 속에는 사랑도 일부 있겠지만 우정만 있는 것이라고 가장할 뿐이다.

굳이 이상과 현실을 구분하지 마시라. 살다보면 양쪽(사랑과 우정) 다 인정해야 하고 생활도 그렇게 애매할 때가 많지 않는가.



### 부부의 연(緣)

부부는 인연의 경계선이다. 부부는 무촌이다. 전혀 관련 없는 남이거나 촌수를 못 헤아릴 만큼 아주 가까운 임이거나 둘 중 하나다. 어중간하게 가까운 그런 사이는 없다.

정이 깊어지면 사랑이 되고, 사랑이 깊어지면 피가 연결된 자식이 생긴다. 그런데 부부 사이는 살을 섞는다 그러지 피를 섞는다 그러진 않는다. 즉 부부 사이는 기본적으로 정으로 엮어진 사이다. 정(情)이 깊어져 정(精)이 되면 피가 만들어지고(자식) 정이 옅어지면 님은 남이 된다. 부모 자식 간은 이런 관계가 없다. 피로 맺어졌고 끊지를 못한다. 그래서 부모 자식 사이는 사이가 나빠져도 완전히 끊어지지 못하고 일정 연결선이 있게 된다. 과학적으로 말하면 같은 유전인자를 지녔다. 반면 부부 사이는 사이가 나빠지면 완전히 끊어지게 된다. 둘 사이에 자식이 있어도 그건 각기 자식에 대한 정일 뿐 그게 둘 사이를 연결시키지는 못한다. 다만 인간적으로 둘의 유대감을 구성하는 요소가 될 수는 있다.

부부사이는 애정(愛情)이라 말한다. 사랑(愛)과 정(情)이 공존한다. 부부사이를 애정이라 하고 친구는 우정(友情)이라고 말한다. 부부 사이가 나빠지면 '애'도 없어지고 '정'도 없어지고 그러면 이혼하게 된다. 애정과 우정의 차이는 같은 정이지만 마음에 차이가 있다. 애(愛)자는 마음(心)이 안에 들었고 정(情)자는 마음(忄)이 한쪽에 치우쳐 밖에 있다. 사랑에 마음이 빠지면 안의 것이 빠지니 마음이 아프게 된다. 반면 정에 마음이 빠지면 외형만 변형될 뿐 중심이 변하는 것은 아니다.

사랑의 상처는 인생을 바꾸는 큰 변화를 동반한다. 실제로 사랑의 상처는 몸의 아픈 통증을 동반하는 물리적 반응을 보인다. 반면 우정은 사랑만큼 타격이 크지는 않다. 산이 높으면 골도 깊다는 말이 있다. 우정은 상처가 작으니 쉽게 사귈 수 있고 쉽게 헤어질 수도 있지만 사랑은 상처가 크니 배우자 인연은 쉽게 맺어지는 게 아니다.

배우자 인연은 참 어렵고 아주 희귀한 것이다. 세상에 사람이 이렇게 많아도 배우자 인연은 한둘이거나 아예 없는 경우도 있다.

부부는 갈등 종합 세트다. 그렇더라도 현 세대는 인연을 너무 쉽게 생각하는 경향이 있다.

배우자 인연은 엄중하다.

## 과부의 상

관상서 신이부의 한 대목을 살펴보자.

'여성의 이마가 몹시 좁거나 귀가 뒤집히면 세 번 시집가도 액이 남고, 광대뼈가 솟은데 목소리가 웅장하면 일곱 번째 남편도 액이 남는다.'

글을 보면 이마가 좁고 귀가 뒤집힌 것(세 번)보다 광대뼈가 솟고 목소리가 웅장한 것(일곱 번)이 배 이상 더 불행한 것이다. 이마와 귀보다 광대뼈와 목소리의 비중을 더 크게 보고 있는 것이다. 왜 그럴까.

이마와 귀는 초년의 운세를 살핀다. 그에 비해 광대뼈와 목소리는 평생에 걸쳐서 광범위하게 영향을 미친다. 이마와 귀도 평생을 좌우하기는 한다. 하지만 이마는 얼굴의 상부에 있고, 귀는 얼굴의 한 쪽 변에 위치해 있다. 반면 광대뼈는 얼굴의 중앙부에 위치해 있고 목소리는 몸 전체의 에너지를 품고 있다. 따라서 이마와 귀보다 광대뼈와 목소리의 비중이 더 크다고 본 것이다.

좀 더 구체적으로 살펴보자.

첫 번째의 큰 이마는 과부의 상이고 작은 이마는 형편없는 남편이다. 큰 이마는 남편이 없는데 비해 작은 이마는 그래도 남편이 있으니 없는 것 보다는 좋다고 봐야 할까?

잘 관찰해 본 결과 전혀 그렇지 않았다. 때로는 차라리 없느니만 못하다. 골칫덩이 남편이 있으면 고생을 많이 한다. 나이 들어서 남편과 사별할 경우 '세상에 이렇게 편할 수가 없다' 보통 이렇게 생각한다. 매 끼니를 챙겨줘야 하고 자신의 활동도 제약을 받는데 그런게 없어졌기 때문일 것이다. 이마가 미우면(작거나 어그러지면) 남편이 안 좋다. 하지만 이마가 크면 남편이 없다. 이 경우 과유불급이란 말이 딱 맞다.

두 번째의 뒤집어진 귀는 내면의 정신영역이 강하다. 한마디로 뒤집어진 귀는 독하고 차갑고 신념이 강하다. 이런 사람은 마음을 한번 정하면 10년이고 20년이고 변치 않는다. 그러니 남들 다 포기하는 일도 끝까지 물고 늘어져 성공하고 혹은 자신을 해코지 하는 사람에게는 수십 년 후 앙갚음을 한다. 그래서 관상서에는 묘한 성공이 있다고 했고 두령의 기질이라고 본다.

셋째의 우람한 광대뼈는 남편만 안 좋은 게 아니라 전체적으로 좋지 않다고 봐야 한다. 자신의 기운이 세서 스스로 벌어먹고 산다. 요즘은 캐리어우먼이라고 높여 부르지만 전통적으로 여자가 생활전선에 활동하는 것을 팔자 센 여자로 봤다. 광대뼈가 웅장하면 팔자가 세고, 광대뼈가 높으면 삶에 대해 불안해한다. 반대로 광대뼈가 너무 빈약하면 정이 없고 차갑다.

네 번째의 웅장한 목소리는 양기가 강한 것이다. 양기가 강하다는 것은 여성이 남성의 특징을 지닌 것이다. 여성은 여성답게 목소리가 나긋나긋해야 하는데 목소리가 웅장하고 크다면 애교 같은 것을 기대하기는 힘들다. 책에서는 웅장한 목소리라고만 되어 있지만 듣기 불편한 탁성도 역시 안 좋다.

이외에 더 꼽자면 큰 코와 강렬한 눈빛을 들 수 있다. 큰 코는 사사건건 남자를 이겨야 하고 자기가 원하는 대로 해야 직성이 풀린다. 조금 맘에 안 들어도 참고 자존심이 좀 상해도 남자에게 져주고 해야 하는데 이혼할지언정 자존심을 꺾지 않으니 결국 남자가 양보하는데도 한계가 있기에 이혼의 명이 되기 쉽다. 눈빛이 강하다는 건 지나치게 명석한 것이다. 자기 눈에 차는 남자가 없다. 어떻게 결혼하게 되더라도 시간이 지날수록 상대에 대한 불만이 커지니 결혼 생활이 행복하기 어렵다.

참고로 달마상법 유장상법 등에 나타난 독신녀의 상에 대한 글이 있다.

1. 고개를 숙이고 걷고, 앉아서 다리를 떨고, 웃음소리가 우는 듯하고, 눈을 뜨고 자면 간사하거나 고독하다.
2. 머리가 불이 타오르는듯하면 비녀를 끼기도 전에 홀로 된다. 이는 화성(이마)이 지나치게 높은 것을 말하는 것으로 즉 발제가 높은 것이다.
3. 물이 지나치게 흘러넘치면 늙어서 끝내 홀로 되는데 이는 구혁(인중)이 고랑이 없이 평만한 것을 이르는 것이며 반드시 슬하에 자식이 없다.
4. 관골이 연상 수상보다 높게 튀어나왔으면 시샘하고 흉포해 홀로 지내게 된다. 양쪽 관골이 높으면 과부가 많다.
5. 유두가 희면 고독하니 논할 것이 없다.
6. 고독한 상은 체형과 골격이 외롭고 추운 듯한 것으로 목이 길고 어깨가 움츠린 듯하며 정강이가 기울고 머리가 치우치며 앉은 자세가 요동스럽고 움직임이 빨라 낚아채는 듯하다.


### 바람기의 추정과 대비책

아래의 사진은 마이산 등 전국의 여근곡 형상 중에 가장 원형(?)과 가깝다고 알려진 경주시 건천읍 오봉산의 여근곡이다.

그림에서는 밑쪽이 숲들에 가려서 잘 보이지 않는다. 앞쪽에 숲을 만들어서 여근곡의 모양을 가려주었는데 이렇게 여성성이 노출됨으로 인해서 보는 이의 마음이 동해서 여성이 바람이 난다고 보았기 때문이다. 이곳에 실사를 갈 때가 한여름이었는데 울창한 숲이 어우러져 윤곽이 명확하지 않다. 가을에는 낙엽이 지면서 산의 형상이 완연히 드러나고 앞의 숲들에도 곡식이나 과수나무 사이로 산기슭도 더 많이 보인다.

**여근곡** 경주 건천읍 오봉산 소재   **옥문지** 여근곡 안에 음핵에 해당하는 부위쯤에 있다

잠시 소개를 하자면, 이곳은 음기가 세서 과거 선덕여왕 때 백제군이 숨어들어 들어왔다가 몰살당했다는 기록이 있다. 여근(女根)은 음이므로 남근(男根)이 여근 속으로 들어가면 토사(吐死) 한다는 음양설로 풀이했다.

6. 25 때는 인민군이 이곳까지는 파죽지세로 밀고 내려오다가 유독 이 부근서 힘에 부쳐 주춤거리는 등 남자들은 이곳에서 힘을 못 쓰고 그래서 과거보는 이들은 이곳을 굳이 외면하고 보지 않으며 지나쳤다. 한때 이산에 불이 났을 때도 이곳만 멀쩡했는데 음기가 세서 양의 화기가 이기지 못한 탓이다.

안의 음핵에 해당하는 부위에 옹달샘이 있는데 이 옥문지 샘물을 휘저으면 여자가 바람이 난다고 해서 외지인의 출입을 막기도 했다. 꼭 그렇지 않더라도 이렇게 여성성이 노출되어 있으면 지나가는 이가 보기에 참 민망한 노릇이 아닐 수 없다. 우리들이 부끄러운 것을 가리기 위해 옷을 입는 것처럼 비보풍수의 일종으로 앞에 숲을 만들어 가려지게 함으로 바람기를 막는다고 보았다. 이 숲의 이름을 우스

갯소리로 썹들이라 부른다. 국토지리원 공식 명칭도 이름을 그대로 따라와 샙들이다.

이렇듯 세상 모든 일에는 현상이 있으면 그 처방도 있다고 보는 것이 세상의 이치다. 땅의 바람기는 비보풍수로 가능했지만 사람의 바람기는 어떨까?

역시 풍수처럼 이런 진단과 예방이 있기는 하다. 관상에서 눈초리나 눈썹꼬리 위쪽에 점이 있으면 애인을 가지게 된다고 한다. 점은 특정 에너지의 집합이나 흠결이다. 이런 점이 있으면 강한 기운으로 애인을 가지는 것이고 눈초리 부위에 흰빛이 뜨면 현재 애인이 있는 형태다. 즉 점은 특정 시기에 그렇게 될 수 있는 것이고 흰빛은 그 특정 시기다. 눈을 기준으로 눈 위쪽의 점은 연상이고 아래쪽은 연하의 애인이다.

애인이 생기는 기운이나 시기가 있다면 땅에서 비보풍수처럼 그것을 예방할 수 있는 방법도 있다! 하지만 땅이든 사람이든 형태상의 특성에 따라 당연히 특정한 일이 잘 일어날 수 있는 형태가 있다는 것을 염두에 둬야 한다. 얼굴에 도화기가 있으면 괜히 남자들이 어떻게 수작이라도 함 걸어 보려고 집적거리고 흘겨보는 것과 같은 이치다.

예방법을 살펴보자.

수술로 점을 빼는 것은 하나의 방법이다. 하지만 운명점은 타고난 운명을 끝내기 전에는 수술로 쉽게 빠지지 않는다. 수술 후에도 뿌리가 깊어 점이 계속 살아난다. 종교를 가지고 지극정성을 기울이는 것도 하나의 방편이다. 바람기는 첫머리에 언급한 것처럼 지역적 특성에 의해서도 발현하기 때문에 이사를 하는 것도 하나의 방법이다.

미신적인 방법, 이를테면 굿을 하든가 이런 것은 가치 없는 일은 아니지만 보편적으로 권할만한 방법은 아니다. 부적 같은 것도 마찬가지다. 아주 특수한 경우 효과를 보기도 하나 절대 일반적인 방법은 아니다. 하지만 이 모든 노력에도 불구하고 근본적으로 타고난 바람기의 운명적 작용이 있다면 인력으로 피할 길을 찾는다는 것은 참 요원한 일이다.


## 관상으로 살펴본 성능력

성적인 것을 말할 때 남자의 경우 코와 남성기를 관련시켜 말하고 여성은 입술로 여성기와 대비시켜 말하는데 더 정확한 대비는 남녀 모두 귀와 연관성이 있다. 귀는 신장과 연관성이 있으며 성적능력은 신장 기능과 연관이 있기 때문이다. 따라서 성기의 모양은 귀의 모양을 보고 유추한다면 더 정확한 추리가 가능하다.

남자의 경우 귀가 작아도 단단하다면 작은 고추가 맵다는 말이 맞는 말이다. 여성의 경우 귀의 높낮이 위치에 따라 성기의 높낮이 위치까지 말하기도 한다. 그런데 이것은 굳이 귀의 높낮이 위치로 유추하기 보다는 엉덩이가 나온 모양을 보는 것이 더 정확하다. 엉덩이가 뒤로 나온 소위 오리 엉덩이는 성기가 더 아래쪽으로 위치해있다. 엉덩이가 뒤로 나왔으니 그에 맞춰서 신체 구조가 그럴 수밖에 없다. 여기에 관해서는 마음만 먹으면 현 시대에 수많은 야동이 범람하기에 많은 자료를 구할 수 있겠으나 미루어 짐작한다.

눈빛이 초롱초롱하면 색을 즐긴다. 빛이 과도하게 밖으로 새는 것은 발산의 욕구가 강한 것이다. 눈빛이 강하면 열정적인 성격이며 성적욕구도 여기에 포함된다.

눈에 물기가 많아서 눈빛이 항상 촉촉하면 음기가 강한 것이니 음란하다. 눈빛뿐만 아니라 몸에 물이 많으면 살갗이 까무잡잡하다. 타고난 검은 살빛은 매끈한 편이다. 몸에 물 기운이 많다면 성적 감도도 강한 편이다.

눈가에 주름이 많으면 바람기가 많다고 하는데 경험상 눈꼬리의 주름은 바람을 피워서 생성되는 게 아니라 마른편의 체형에서 주로 나타나는 특징이다. 타고난 감각이 발달해 있으니 성적인 감각도 보통 사람들보다 더 발달해 있는 것일 뿐, 눈가의 주름과 바람기가 일치하는 것은 아니다.

도화살이 많으면 이성을 흘기는 능력이 좋다. 도화살은 글자 그대로 도화(복숭아)빛 얼굴빛이다. 요염한 눈빛 등도 도화의 한 종류인데 큰 둔부와 가슴도 이성을 흘기는 하나의 능력이며 보통 큰 편이라면 더 발달해 있다고 볼 수 있다. 물론 성 능력도 운동으로 개발도 된다. 남성도 또한 넓은 어깨와 큰 엉덩이, 그에 상대적으로 잘록한 허리가 허리운동(?) 능력이 좋은 사람이다.

성 자체의 에너지가 강한 경우는 눈 끝에서 귀의 상부 쪽에 이르는 횡골이 발달해 있는데(눈 아래 광대뼈가 옆으로 돌출해 마름모형 얼굴) 신장의 수기(水氣)가 좋아 타고난 성감이 강하다. 그에 비해 볼륨 있는 몸매는 성 에너지 자체보다는 기교와 지구력(?)이 좋은 편이라고 할 수 있다.

눈 아래 누당, 와잠, 눈두덩, 눈 끝 주름 등 역시 성 능력을 유추할 수 있다. 피곤할 때 생기는 다크서클의 경우 평소에 이곳이 특별히 검은 경우 꼭 신장이 나빠서 그런 경우도 있지만 이상성욕으로 오히려 보통보다 더 강한 경우도 있다. 어떤 경우든 정상에서 벗어나 문제가 있는 것으로 본다. 그런데 이곳은 모두 눈 주위로 몸의 신경조직이 밀집해 있는 곳이다.

여성의 경우 입가의 보조개와 성능력을 결부시키기도 하는데 나름 근거는 있다. 보조개는 일종의 근육결함의 하나로 근육의 이상 조임으로 보고 여성성의 조임이 좋다고 보는 것이다. 소위 명기의 한 조건이다.

남녀 모두 몸에 털이 많으면 신장기능이 강하니 성적 능력이 센 사람이다. 만약 남자가 다리 등에 몸의 털이 전혀 없이 깨끗하다면 자식을 가지는데 문제가 될 수 있다. 남성 호르몬이 약한 것이다. 여성 또한 털이 많다면 성적으로 센 편이고 반대로 아예 무모증은 털이 많은 사람보다 성적 능력이 더 뛰어난 사람일 수 있다. 털이 많은 것은 신장이 강한 것인데 아예 없다면 이상 성욕으로 강한 정도가 아니라 정상을 벗어난 것이다. 그만큼 강하다

몸의 체형에서 더 살펴보자.

오리 엉덩이는 타고난 밝힘증이 있다. 오리엉덩이는 신체 구조상 남녀 모두 성기가 아래쪽으로 위치하게 된다. 이게 성적능력과 무슨 관계냐고 할 수 있지만 위치의 특징상 음기가 더 강하다고 본다. 네발로 걷는 척추동물들의 암컷은 모두 음경이 뒤쪽에 붙어 있는데 야생의 동물적 본능이 강하다고 생각하면 되겠다.

기타 지나치게 흰 피부, 버들가지처럼 낭창낭창한 몸, 뱀 껍질처럼 매끄러운 피부, 마른체형에 뼈는 억센 통뼈, 음부의 다모증, 다모증 형님뻘의 무모증 등이 음기가 강해 성적으로 타고난 능력이 강하다.


### 문지방 넘을 힘만 있어도 여자를 넘본다

어느 성강사의 강의 중 얘기다. 병원에서 짧은 치마를 입은 간호사가 들어왔는데도 그 간호사를 흘겨보지 않는다면 그 환자는 곧 죽는다고는 말하는 것이었다. 흘겨보지도 않는다는 것은 거기에 전혀 관심이 없다는 말인데 이는 곧 생명력을 다했다는 것이다. 실제로 그런 환자는 결국 죽게 되더란 것이다.

남자에게는 성욕이 곧 생명력이다. 남자는 밥숟가락을 들 힘만 있어도 여자에게 눈이 돌아간다. 물론 이런 현상은 우리 생활 속에 총체적으로 배어 있다. 전래 민중의 놀이이자 노래인 경기 민요 중 둥

당에 타령을 살펴보자

> 날씨가 좋아서 꼴 베러 갔더니만
> 모진 년 만나서 작대기 세웠네
> 덩기둥당에 두당덩~~
>
> 날씨가 좋아서 나물 캐러 갔더니만
> 모진 놈 만나서 돌베개 베었네
> 덩기둥당에 두당덩~~

우리가 익히 아는 군밤타령이나 도라지 타령 등도 모두 남녀의 성을 바탕에 깔고 있다. 그런데 같은 사람인데 남자는 문지방 넘을 힘만 있어도 여자를 넘보는데 여자는 왜 그렇지 않을까 하고 의문을 가져 본 적이 있는지?

동양적 시각을 살펴보자.

남자는 양이며 여자는 음인데 양은 튀어나온 돌출이고 음은 오목한 형태다. 튀어나온 돌출은 밖으로 에너지의 표출이며 안으로 들어간 곳은 안으로 에너지를 간직한다. 그런데 남자는 아래(성기)가 튀어나왔고 여자는 상부(가슴)가 튀어나왔다. 남자는 배꼽 아래가 앞으로 튀어나왔으니 허리하학의 육체적이고 원색적인 에너지가 앞서고, 여자는 배꼽 위가 튀어 나왔으니 허리상학의 감성적이고 정서적인 에너지가 앞선다. 그래서 남자는 원색적인 섹스만 생각하고 여자는 정서적 로맨스를 꿈꾼다.

앞으로 튀어나온 부위는 에너지가 발달한 것이고 발산을 위주로 한다. 그래서 앞으로 튀어나온 것은 에너지를 발산할 수 있게 자연스럽게 놔두는 것이 건강에 유익하다.

정리하자면 남자는 팬티를 안 입는 것이 건강에 좋다. 굳이 입는다면 통풍이 잘 되는 트렁크 팬티가 좋다. 여자는 브라자를 안 하는 것이 좋다. 인위적으로 가슴을 옥죄게 되니 가슴의 발육이 더디다. 노

브라의 가슴이 훨씬 탄력 있게 발달한다는 것은 여러 학계의 실험으로 증명된 사실이다. 그러니 브라자를 하더라도 가슴을 옥죄게 타이트 한 것은 안 좋다.

안으로 들어간 형태는 에너지를 수렴하는 특성이 있다. 여성의 음경은 안으로 들어간 형태니 에너지를 모을 수 있게 따뜻하게 해줘야 한다. 따뜻함이 부족하면 임신이 어렵다. 불임(不姙)은 음기의 수렴이 부족해서 생기는 문제다.

좌우지간, 남자가 여자를 흘겨본다고 저질이고 엉큼하다고 욕하지 말라. 남자는 원래 그게 정상이다. 여자가 지나가는데도 전혀 돌아보지 않는다면 그건 성 정체성에 이상이 있거나 아주 특이한 경우다.

## 얼굴에서 남녀 배우자의 차이

남자에게 배우자의 상황을 짐작할 수 있는 척도는 어미와 간문 외에 코와 입이다. 여자에게 배우자의 길흉을 살피는 것은 어머와 간문 외에 코와 이마다. 코는 자신을 뜻하기도 하지만 배우자를 살피기도 하는데 부수적으로 보는 것이 남녀에 따라 다르다.

왜 남녀가 이렇게 배우자를 보는 기준이 다른가 생각해 봐야 한다. 여자에게 남편의 성공은 곧 자신의 성공과 같다고 말할 수 있다. 그래서 여성의 성공은 남편한테 달렸으므로 여편네 팔자는 뒤웅박 팔자란 말이 생겼다. 여성의 사회적 명성을 뜻하는 이마로 배우자의 길흉을 참조한다. 반면 남자에게 여성이란 자신을 잘 보필할 수 있는 사람이라고 할 수 있다. 그러니 자기보다 상전이 아니라 아랫사람이고 이는 높은 이마보다는 아래의 입이 더 적당하다고 보는 것이다.

먼저 여성을 살펴보자.

코는 자기 자신이자 배우자이며 또한 재물을 뜻하니 자신의 코가 좋다면 자신이 반듯한 사람이며 남편의 경제적 능력도 좋을 것이라고 미루어 짐작 할 수 있다. 이마는 명성을 말할 수 있으니 자신의 이마가 좋으면 남편의 사회적 지위도 좋을 것이라고 생각 할 수 있다.

남자는 코와 입이 잘 생기면 좋은 부인을 얻는다고 볼 수도 있으며 입이 잘 생기기면 먹을 복이 있다. 코도 재물을 뜻하니 먹을 것과 무관하다고는 말할 수는 없다.(여자도 마찬가지인가!) 그런데 먹을 것은 누가 주는가? 자기 돈으로 사먹기도 하지만 결혼 이후에는 주로 부인이 챙겨주는 것이다. 그러니 남자의 좋은 입은 요리 잘하는 부인을 만난다는 뜻이고 곧 좋은 부인이라는 뜻이 된다. 돈을 버는 것도 결국 잘 먹고 잘 살기위해 버는 것인데 좋은 음식을 잘 먹을 수 있는 것도 삶의 큰 복 중 하나다. 또한 입이 좋다는 것은 노후가 좋다는 말도 된다. '홀아비는 이가 서 말, 과부는 은이 서 말'이라는 말이 있다. 여자는 나이 들어도 혼자 살 수 있으나 남자는 나이 들어서 혼자 살기가 여자보다 더 어렵다는 말이다. 여자는 음을 대표하는 입이 좋아야 되지만 남자도 이에 못지않게 입이 중요하다.

코는 인중이라는 수로를 거쳐서 코의 기운이 입으로 연결된다. 코는 자기 자신이다. 자신의 기운을 입으로 보내주는 것이다. 그러니 좋은 코는 좋은 입을 만들 수 있는 조건이 되기도 한다.

좋은 배우자는 자신의 사랑으로 만든다.


## 미모가 운명을 결정하지는 못한다

중국 한(漢)나라 때 황제와 동침할 후궁을 간택하는데 후궁이 얼마나 많은지 일일이 만나서 결정하기가 번거롭고 시간도 많이 걸리고 하니까 화공에게 그림을 그려오게 했다. 그림으로 황제와 동침할 후궁을 간택했는데 후궁들은 서로 자신의 그림을 잘 그려달라고 화공에게 뇌물을 갖다 바쳤다. 그 후궁들 중에 왕소군은 너무 가난하여 화공에게 돈을 갖다 바치지 못하여 가장 못생기게 그렸다. 하지만 왕소군은 중국 4대 미녀 중에 하나로 꼽을 만큼 절대 미모의 아름다움을 간직하고 있었다.

왕소군이 후궁으로 있을 당시에 흉노족의 기세가 등등하여 한나라로서는 흉노와 화친조약을 맺고 갖은 뇌물을 갖다 바쳐야만 했다. 그 흉노족의 선우(왕)가 한나라의 미녀를 원하자 가장 못생긴 왕소군을 보내기로 결정했다. 외형은 두 나라 왕족이 혼인으로 동맹을 맺는 것이지만 실제로는 뇌물로 바치는 것이며 거기서 죽어야 되기에 당사자로서는 생사가 걸린 문제였다. 어느 누가 선뜻 그 일에 자청하고 나서겠는가.

왕실로서는 왕족의 친척을 시집보내는 것으로 위장했기에 떠나는 날 황제가 직접 배웅을 나섰다. 그런데 가장 못생긴 추녀로 알았던 왕소군은 천하절색이 아니던가! 일찍이 그런 미녀를 본적이 없었다. 그렇다고 이제 와서 다시 물릴 수도 없고, 다시는 돌아오기 힘들 것이라는 걸 뻔히 아는데 선뜻 새로운 지원자도 없으니 할 수 없이 떠나보내고 황제는 속앓이를 했다. 황제는 아무리 생각해도 그림을 그린 그 화공이 괘씸하여 결국 죽여 버렸다. 왕소군 또한 머나먼 이국에서 고국을 그리워하며 생을 마감해야 했다.

영국의 헨리 8세는 끝내주는 바람둥이였다. 그의 공식 왕비는 총 6명이었는데 그중에 그는 4번째 왕비(안나 폰클레페)는 화가를 시켜 청혼녀를 그려오게 했는데 그림 속에 미인이 너무 맘에 들어 덜컥 결혼을 결정했는데 결혼식 날 실물은 정말 형편없는 박색이었다. 물론 그 결혼은 정략적 결혼이었지만 그렇더라도 실물을 직접 봤다면 그런 결정을 하지 않았을 것이다. 명색이 한 나라의 국왕이 결혼약속을 깨지도 못하고 울며 겨자 먹기로 결혼식을 올리고 곧바로 이혼을 하는데 위자료로 막대한 돈을 지불해야만 했다. 네 번째 왕비는 1540년 1월 6일 결혼해서 7월 9일 이혼하였으니 경우 6개월간의 결혼 생활이었다. 그 짧은 기간 동안에도 그는 신하들에게 그녀를 '플란더스의 암말'이라고 부르며 뚱뚱한 추녀라고 불평을 늘어놓기 일쑤였다. 그는 이 결혼을 추진한 신하를 죽였다.

위 사례는 뇌물을 받고 실제와 다른 그림을 그린 것인데 하나는 예쁜 미녀를 못생기게 그려서 죽었고 또 하나는 못생긴 사람을 예쁜 사람으로 그려서 죽었다. 뇌물죄가 중죄기는 하지만 죽을죄는 아니다. 그러나 그 대상이 절대 권력자와 연관된 것이라면 혹독한 대가를 치르게 될 수도 있다. 돈 위에 권력이 있다고 볼 수 있는 사례라고 할 수가 있다.

미인박명이란 말처럼 아주 예뻐도 운이 없으면 고생을 하게 된다. 미인이 반드시 좋은 팔자가 되는 것은 아니다. 반대로 영국 핸리 8세의 4번째 왕비처럼 끝내주게 못생겼지만 그 못생긴 얼굴로도 왕비로서의 이름도 올렸고 한몫 단단히 챙겼다. 왕소군은 미인이지만 참 박복했고 폰클레페 왕비는 못생겼지만 재복은 아주 좋은 경우였다.


### 제 팔자에 이혼수가 있나요

부모란 것은 자기의 노력으로 변할 수 있는 것이 아니라 결정된 숙명이다. 하지만 부부의 연은 후천적 노력으로 결정되는 운명이다. 후천적으로 결정되는 인연 중 가장 숙명적 성향을 띠고 있는 게 부부의 인연이다. 명리의 고전에 '부처인연 숙세래(夫妻因緣 宿世來)'란 말로 부부의 인연은 숙명적으로 타고난다고 말하고 있다.

남자가 배우자 인연이 많으면 여러 이성을 거쳐 인연을 맺거나 양쪽 집에 옷을 걸어두고 사는 형이 되기 쉬우며, 여성 또한 배우자 인연이 많으면 거울이 깨지고(파경) 비녀가 둘로 나누어지는 경우가 많다.

궁합은 운명학의 여러 분야 중 가장 엉터리일 수 있다. 이미 자신의 팔자에 배우자에 대한 정보가 다 담겨 있는데 궁합을 봐서 더 좋은 배우자를 선택하려는 세속의 심성이 배어 있다.

보통 이혼수가 있는 사람은 결혼을 일찍 하기 쉽고, 반면 좋은 배우자 복이 있으며 그 배우자로 인해 삶이 더욱 좋아질 그런 경우는 인연이 늦게 들어오는 경우가 많다. 좋은 팔자(운명)는 나쁜 운을 피해 가는 것을 볼 수 있다. 이혼수가 있어 보이는 팔자도 운이 좋으면 나쁜 것은 묻히고 이혼의 위기가 약해지는 시기에 결혼함으로서 이혼수를 피해 가는 것이다.

배우자 운이 나쁘면 고른다고 될 일이 아니다. 남자가 좋은 배우자를 선택하기 위해 고르고 골라 나이 많아서 선택한 여자는 화류계 여자이기 쉽다. 이유는 우선 그들은 남들보다 더 섹시한 외양을 지녔다고 보는 것이 합당할 것이다. 즉 사람을 잘 흘기고 애교 있고 그런 여자가 자신의 끼를 펼칠 수 있는 가장 손쉬운 방법이 화류계로 진출하는 것이다. 남자의 눈으로 볼 때 외모의 섹시함과 애교있는 성격을 두루 겸비하고 있으니 이상적인 배우자로서 중요한 조건을 갖추고 있는 셈이다.

여자가 고르는 남자는 한량이기 쉽다. 한량이란 게 놀기 잘하고, 체격도 큰 편이고, 말도 잘하고, 인기 있고 재미있다. 여자가 바라보기에 이상적이지 않는가. 실생활은 같이 살아보지 않았으니까 알 수 없고 말만 믿고 결혼을 하는 셈인데 여기에 문제가 있다. 이런 비슷한 경우를 우리 주위에서 많이 본다.

대부분의 부부들은 그 많은 사람 중에 하필 가장 무능한 당신을 만나서 지금 이렇게 고생하며 살고 있다고 생각한다. 그건 전적으로 자신의 운명에 달린 것이지 배우자 탓이 아니다. 옛날에는 당사자의 얼굴도 모르고 부모님들이 만나서 혼인을 언약하면 그것으로 모든 게 다 해결된다. 그때는 그렇게 해도 잘 살았다. 여기서 잘 살았다는 말은 고생은 했을지언정 한평생 해로한다는 의미다. 지금은 서로 죽기 살기로 매달려 결혼하면 이혼 말이 오고 간다.

옛날에는 갑돌이와 순이가 결혼했고 김 서방과 이 서방이 결혼했다. 그리고 청주댁과 김대감이 혼인하는 일은 없다. 즉, 서로 비슷한 가문의 사람끼리 결혼하므로 비슷한 가치관을 갖고 살아가기에 문제가 안 되는데 지금의 시대는 개천에서 용이 나는 세상이고 그렇게 출세한 사람들과의 조화가 쉽지 않기에 문제가 되는 것이다.

오래 전 어떤 스님에게 질문을 했다.

"이혼이 영(靈)적인 차원에서 어떤 영향이 있습니까?"

그분 말씀이 "이혼은 업(業, Karma)을 짓는 것으로서 안 하는 것이 좋다"고 했다. 크리스천 계열도 십계명에 간음하지 말라는 말만 있지 이혼하지 말라는 말은 없지만 이혼은 하지 않는 것이 바람직하다는 입장을 취하고 있는 것으로 알고 있다.

남자든 여자든 자신에게 모든 것이 넉넉하게 갖추어져 있으면 상대에게 까다롭게 요구하지 않을 것이다. 상대에게 많은 것을 요구하고 바란다는 것은 그만큼 자신이 엉성하고 부족한 것이 많기 때문이다.


## 생물적 진화

### 쿨리지 효과

미국의 제30대 대통령 캘빈 쿨리지 내외가 어느 시골 농장을 시찰하게 되었다. 내외가 시차를 좀 두고서 떨어져 있었다. 때마침 양계장 앞을 지나는데, 한 수탉이 암탉 위에 올라타 교미를 하고 있었다.

영부인이 농장 주인에게 묻는다.

"저 수탉은 하루에 몇 번 정도 교미를 하나요?"

"열두 번도 더합니다."

그러자 쿨리지 여사가 말했다.

"이 사실을 대통령에게도 알려주세요."

농장주가 그 말을 전하자 이번에는 대통령이 물었다.
"그 수탉이 교미하는 암탉이 매번 같은 암탉인가요?"
"아닙니다. 매번 암탉이 바뀝니다."
대통령은 씩 웃었다.
"그것을 아내에게도 알려주세요."

대통령 내외가 주고받은 일화가 심리학과의 명칭이 된 희귀한 사례다.

쿨리지 효과란 새로운 다른 이성으로 파트너를 바꾸었을 때 성적 욕망이 증가하는 현상을 말한다. 수컷은 기회가 닿는 대로 자신의 유전자를 널리 보급(?)하고자 한다. 이에 바람을 피우는 방법도 생물학적으로 진화를 거듭했다. 물론 여성은 남자가 바람피우는 것을 막는 방법도 그에 맞춰 발전했다.

최근의 연구에 의하면 한 번의 사정 시 수 억의 정자가 방출되지만 모두가 난자와의 수정을 목표로 움직이는 것이 아니다. 일부는 다른 사람의 정자와 만났을 때 전쟁을 하는 '킬러정자'들이다. 킬러 정자는 다른 정자를 꼬리로 휘감아 죽이는 역할을 한다. 정자는 수억의 존재가 독자적으로 움직이는 것이 아니라 하나의 팀을 이루어 조직적으로 작전을 수행하는 똑똑한 조직체다.

남자는 자신의 유전자를 널리 보급하려는 단순한 목적을 가진다. 그런데 여자는 좀더 복잡하다. 좋은 유전자를 선택하고 남자와 달리 자식을 잘 키워야 한다는 목적이 추가적으로 작용한다. 체력이 좋은 남자, 돈 많은 남자, 자상한 남자가 자식을 잘 키울 수 있는 이 목표에 부합한다. 이성의 매력이란 결국 여기에 기인한다.

돈 많고 자상하고 부인에게 헌신적인 남자가 남편감으로는 최상이지만 만약 나의 아들도 남편처럼 그렇게 부인에게 평생 끌려 다닌다면 이는 끔찍한 일이다. 이에 남편이라는 남자는 자신에게 자상하고, 자식(아들)과 자신의 정부(情夫)는 터프한 남자가 되기를 바라는 이중적 구조를 취하게 된다. 여자들의 이런 복합적이고 이중적 구조는 복잡다단한 심리로 진화했다.

남녀가 하룻밤 자고서 남자는 참 신비스럽다고 생각한다면 그게 전부다. 더 이상 아무것도 없다. 반면 하룻밤 자고서 여자를 다 알았다고 생각한다면 이제 겨우 끝을 알 수 없는 미로구조의 입구에 들어선 것이다.

**질투**

해와 달이란 제목의 아래글은 2001년경 어머니(신말한, 1924~2012, 향년88세)의 육성기록을 채집하여 당시의 어느 신문에 기고했다.

10여년 후, 2012년에 어머니가 돌아가셨고 육성기록은 아직 테이프로 남았다. 어머니 생전에 당시 아들이 아직 어렸는데 어머니와 손자가 같이 사진을 한 장 찍어랬더니 "아니다. 사진을 같이 찍으면 나중에 내가 갈 때 눈에 밝혀서 데려가고 싶어 할 테니 따로따로 찍어라."

그런 면이 참 지혜롭기는 했지만 아들에게 할머니의 기억은 점점 흐릿해지고 같이 있는 사진 한 장 남지 않았다.

살아생전에 기쁜 날은 드물고 힘든 날은 수 없이 많았다. 귀밑머리가 희어지면 북망산을 바라보고 아이들은 쉴 새 없이 자란다. 시간은 세상의 모든 것을 변화시키는 능력을 지녔다.

### 해와 달

비가오네 비가오네 부슬부슬 비가오네
아침비는 햇님눈물 저녁비는 달님눈물
햇님달님 눈물받아 지하땅에 내려서니
비가되고 물이되니 만백성의 거동보소

반달같은 논에다가 온달같은 물을잡아
만백성을 모아놓고 모내기를 시켰구나
쥔네양반 어디갔소 이물괴저물괴 다 흩어놓고
쥔네양반 첩의 방에 놀러갔소
문예전봉(?) 손에 들고
낮으로는 놀러가고 밤으로는 자러가고
밤낮으로 가고없네

본처의 거동보소 첩의집에 보러가네
채칼갈아 품에넣고 곰방대 품에넣고 첩의집에 들어서니
꽃봉우리 같은 아가씨가 나오면서 인사라고 하는모습
크다크다 큰어머님
오실줄을 알았으면 사행구(?)를 보낼텐데
분통같은 방에다가 꽃자리 꽃방석에 모셔놓고
은대진설대 매여놓고 놋화로에 불을담아
크다크다 큰어머님 담배피우시요
은잔녹잔 삼잔에다 술을가득 부어놓고
크다크다 큰어머님 술드시요
큰어머님 점심진지 해야지요
큰상꾸며 술잔도 은잔, 수저도 은수저, 둘이 들어 맞들어서
크다크다 큰어머님 점심진지 드시와요
이 밥상 물리처라 어제아침 먹던 보리밥 먹고왔다
간다간다 집에간다 이름하나 짓고가자
첩의모습 쳐다보니 눈딱지가 조래생겨 님의눈에 반반하며
옆모습이 저래이뻐 내가볼때 저렇하니 님의눈에 어떻겠노
허리모습 저래고와 내 눈에 이렇하니 님의눈에 어떻겠노
발꿈치가 저래고와 내 눈에 이렇하니 님의눈에 어떻겠노
간다간다 집에간다

집이라고 들어서니 금붕어가 화창하네
둑 넘어 첩의집엔 꽃밭이 화창하네
우리집의 금붕어는 사시사철 다있구나
첩의집의 꽃 밭은 봄 한철 뿐이로다
이렇게 보고 다니다 백발이 다왔구나
어화세상 사람들아 백발보고 반대마라

어제같은 소녀가 오늘은 백발이다.
백발되기 잠깐이다.
소년청춘 남을주고 백발은 내가당겨
갈데올데 전혀없어 북망산천 밖에 갈데없네.

어머니가 나에게 들려준 노래 가락이다. 내용이 다소 길다. 하지만 내용이 길어도 이것 나름의 의미가 있을 것 같아 전체를 소개했다.

구전(口傳)으로 전해지는 것이라 부분적으로 운율도 안 맞는 곳이 있고 가사도 틀린 데가 많은 것 같다. 가사 중 '문예전봉'은 아마도 노리개 정도인 모양이지만 어머니도 정확히 모르고 사행구는 둘이서 매는 일반 가마가 아닌 4명이 매는 큰 가마를 말한다.

제목의 해는 자신이고 달을 첩을 말한다. 서방이 밤낮으로 첩의 집에 들락거려 첩을 죽이려고 칼을 갈아 품에 품고 첩의 집에 찾아갔더니 자신한테도 지극 정성을 다해 섬기니 자기가 봐도 저렇게 이쁜데 서방 눈엔 오죽할까 싶어 그냥 되돌아온다. 돌아와서 금붕어와 꽃을 비교하며 자위하지만 뭔가 모르게 서글픔 같은게 느껴진다. 그렇게 세월이 흘러 북망산천을 눈앞에 두고 있다. 첩에게 님의 마음을 빼앗긴 슬픔과 생의 애환 속에 한평생 다 가버린 세상살이의 서글픔이 묻어난다. 나만 그렇게 느끼는 것인가.


**남녀의 질투심의 차이**

**남자. 그대를 위해 이 한목숨 기꺼이**

삼국유사에 수로부인이야기가 있다.

성덕왕 때 순정공이 강릉태수로 부임하기 위해 길을 가다가 점심을 먹기 위해 잠시 쉬고 있었다. 마침 쉬는 곳은 깎아지른 절벽 옆이었다.

순정공에게는 수로부인이 있었는데 뭇 사내들이 침을 질질 흘릴만한 뇌쇄적 몸매와 외모를 지녔다. 한마디로 사람 잡아먹을 외모였다. 그런 부인이 잠시 쉬는 짬에 고개를 들어 절벽위에 핀 철쭉꽃을 우연히 보게 되었다.

"아, 이쁘기도 해라! 누가 나에게 저 꽃을 따다 줄 수 있겠는가?"

일행 중에는 아무도 선뜻 나서는 자가 없었다. 아무리 사람 잡아먹을 외모라지만 누가 그 절벽 위에 목숨 걸고 올라간단 말인가.

마침 한 노인이 소고삐를 쥐고 지나가다가 그 소리를 듣고 자기가 저 꽃을 꺾을 수 있다며 나섰다.

> 자주빛 바윗가에
> 잡고 있는 암소를 놓게 하시니,
> 나를 부끄러워 아니 하신다면
> 꽃을 꺾어 바치오리다.
> —헌화가

말하자면 나 같은 늙은이가 꽃을 갖다 바친대도 받아만 주겠다면 목숨을 걸어보겠다는 것이다. 밥숟갈 들 힘만 있어도 여자를 넘본다는 남자들이 어찌 노인이라고 여자를 넘보지 말란 법이 있겠는가!

수로 부인이라고 한 것을 보면 분명 이미 누군가의 부인이니 처녀도 아니고 임자 있는 몸이건만 남자는 여자가 예쁘기만 하면 그런 것은 가리지 않는다.

문헌은 여기까지다. 헌화가의 그 노인이 얼마만큼의 절륜한 정력으로 그 부인을 휘어잡았는지 그에 대한 내용은 없다. 노인이라고 정력이 조금 부족한 것이지 마음까지 떨어지는 것은 아니다.

남자는 자기 스스로 자신의 유전자를 지닌 존재를 남길 수가 없다. 그건 죽었다 깨어나도 안될 일이다. 반드시, 꼭 여자가 있어서 자신의 씨앗을 그 여자의 몸에 심어서 그 여자의 난자와 결합시켜 뱃속에서 키워서 온전한 아기로 세상에 나오게 해야만 온전히 자신의 유전자를 후세를 남길 수 있다. 그러니 자신이 죽더라도 그런 존재만 있다면 기꺼이 자신의 목숨도 바칠 수 있는 것이다.

남녀의 문제에 있어서 여자가 몸도 작고 힘도 부족해서 주로 여자가 피해자가 되지만 원칙은 여자는 절대적인 존재다. 남자는 아무리 뛰어나도 여자가 없으면 그 자신의 유전자를 남길 수 없다.

### 여자. 그를 갖기 위해 상대 여자를 죽였소

어떤 유머.

남녀가 각기 외박을 하고 이를 무마하기 위해 각기 10명의 친구들에게 지난 밤 자신과 같이 있었다며 알리바이를 좀 증명해 달라고 했다. 그러자 여자의 친구들은 10명 모두 자신은 모르는 일이라고 외면한 반면 남자들은 10명 모두 지난 밤 자신과 같이 있었다며 알리바이를 증명해 준다. 그중에 두 명 정도는 지금도 같이 있다고 우긴다. ㅎ

유머를 한마디로 정리하자면 여자의 적은 여자지만 남자는 협동으로 위기를 돌파하려고 한다. 이론적으로는 남자는 여자만 많다면 자신의 후손을 여자보다 훨씬 많이 남길 수 있다. 반면 여자는 평생 배란횟수를 다 합해 봐도 채 500번이 안된다. 그 500번 이내에서 임신 가능 기간은 40년이다. 이론적으로는 여자는 약 40명의 자식이 가능하고 남자는 400명도 가능하다. 그러니 그 절실함은 여자가 더하다.

남자의 입장에서 자신의 씨앗을 받아줄 수 있는 여자가 중요하다. 각기 자신의 씨앗을 받아줄 여자는 다를 테니 타협만 잘하면 충분히 협동이 가능하다. 반면 여자는 한정된 시간에 최대한 효율적 선택을 해야 하는데 우수한 유전자를 지닌 존재는 극소수일 테니 다른 여자에게 자신과 잘 맞는 남자를 빼앗기면 안 된다. 그래서 여자의 적은 여자라고 DNA에 각인되고 이런 마음을 질투심이라고 말한다.

이쁘다는 것은 좋은 유전자를 지닌 존재라고 알 수 있게 해주는 표시다. 남자가 여자를 보는 기준은 예쁜 것이 절대적이다. 이는 곧 좋은 유전자를 지닌 존재라고 인식한다.

남자도 그렇기는 한데 좋은 유전자의 존재는 키우는 조건도 포함되기에 이게 더 중요한 요소로 작용하기도 한다. 그래서 잘생긴 남자가 좋기는 하지만 그것보다 돈 많은 남자가 더 중요한 것이다. 돈은 자식을 잘 키울 수 있는 중요한 요소이기 때문이다.


## 질투심이 많은 상

질투심이 많은 상을 정확히 특정하기는 어렵다. 배우자 복은 부실한데 성격은 조급하여 배우자가 자신을 떠날 것이라는 불안한 마음이 강할 경우 질투심이 많은 것으로 볼 수 있다. 따라서 질투심은 질투심만 특정하기 보다는 타고난 성격의 영향이 크다. 그래서 성격이 까다롭고 신경질적이며 피곤한 스타일을 말한다. 이런 타입은 친구나 동료들 사이에서 성격이 괴팍하다고 평가 받고 배우자에게는 질투심이 많은 상이다.

1. 이마가 높으며 뾰족하게 나왔다. 이마뼈가 울퉁불퉁 기복이 있어도 대동소이하다.
2. 눈꼬리가 올라가 있다. 눈꼬리가 상향하면 성격이 투쟁적이며 강하다.
3. 입이 크고 상어 이빨이다. 큰 입은 욕망이 강하고 이가 뾰족하게 겹쳐나서 날카로운 상어 이빨은 성격이 조악하고 과격한 성향이 있다.
4. 턱이 뾰족하다. 요즘 선호하는 V라인 턱선은 성격이 급하고 참을성도 부족하다. 특히 턱 끝이 팽이처럼 뾰족하게 나온 경우가

있는데 집요하고 집착이 강한 성격이다.
5. 눈빛이 나쁘면 주로 부정적인 성향이 되기 쉽다. 좋은 눈빛을 만들려면 긍정적인 생각을 해야 하는데 웃음이 좋은 방법이다.


### 월하노인의 유래(혼인의 신)

당태종 정관 연간에 위고(韋固)라는 사람이 있었는데, 어려서 부모를 잃었다. 그래서 일찍 결혼을 하기 위해 여러 곳에 혼처를 찾았으나 한 번도 이루어지지 않았다.

어느 날 위고가 송성의 어느 여관에 묵었는데, 마침 함께 묵은 사람이 번(藩)의 딸을 소개해 주겠다고 하면서 다음 날 아침에 용흥사 앞에서 만나자고 했다.

다음 날 위고는 마음이 들떠 아직 어두컴컴한 이른 새벽에 용흥사로 갔다. 그런데 아직 지지 않은 달빛 아래 어떤 노인이 계단에 앉아서 책을 뒤적이고 있는 모습이 보였다. 위고가 뒤에서 그 책을 보니 고문과 범어로 되어 있어서 무슨 글자인지 하나도 알아볼 수가 없어 노인에게 무슨 책이냐고 묻자 노인이 대답했다.

"이것은 명부(冥府)의 책이라네."

"명부의 사람이 어떻게 여기에 계십니까?"

"내가 못 올 데를 온 게 아니라, 자네가 너무 일찍 나와 나를 만나게 된 걸세. 명부의 관리는 사람을 주관하니까 당연히 인간 세상에 오는 것이지."

위고가 물었다.

"그럼 노인께서는 사람의 무엇을 주관하는 분입니까?"

"천하 사람들의 혼보(婚譜, 혼인을 기록한 책)를 주관하지."

위고는 기뻐하며 물었다.

"저 위고는 결혼을 일찍 하여 자식들을 낳고 싶지만, 십여 년을 결혼할 여자를 찾았는데 아직도 찾지 못하고 있습니다. 오늘 반사마의 딸에게 구혼을 하려고 하는데 이루어질 것 같습니까?"

노인이 대답했다.

"인연이 아직 닿지 않았네. 자네의 아내는 이제 세 살밖에 안 먹었어. 17세가 되어야 자네에게 시집을 오게 될 걸세."

위고는 크게 실망했다. 혼처를 찾아 10여 년을 헤맸지만 아직도 14년을 더 기다려야 된다는 말이 아닌가!

"그런데 노인장이 매고 있는 봇짐에는 무엇이 들어 있습니까?"

"붉은 실이라네. 이것으로 부부가 될 사람들의 발을 묶지. 앉아 있을 때 내가 몰래 가서 발을 묶으면 원수 집안에서 태어났어도, 혹은 한 사람은 귀한 집안에서, 한 사람은 천한 집안에서 태어났어도, 혹은 한쪽이 세상 끝까지 도망가도, 혹은 서로 다른 나라에 태어났어도 이 실로 묶기만 하면 그 누구도 벗어날 수가 없지. 자네의 발도 내가 이미 그 애기의 발과 묶어 놓았어. 다른 사람 찾아봐도 아무 소용이 없다네."

위고가 물었다.

"그럼 그 아이는 어디에 있습니까? 집안은 무슨 일을 하는 집입니까?"

"이 여관의 북쪽에 있는 채소 장수의 딸이라네. 나를 따라오게. 보여 줄 테니."

날이 밝았는데도 위고와 약속한 사람은 오지 않았다. 오지도 않는 사람을 용흥사에서 무작정 기다리느니 노인을 따라 나섰다.

노인은 책을 말고 봇짐을 지고 나섰고 위고는 그를 따라 채소 시장으로 갔다. 거기에 한쪽 눈이 먼 노파가 허름한 옷을 입은 세 살 정도 되는 여자아이를 안고 있는 것이 보였다.

노인이 말했다.

"이 아이가 자네 아내일세."

갓난아기가 자기 아내라는 말에 위고는 부아가 치밀었다.

"애를 죽여 버리면 되지 않겠습니까?"

노인이 말했다.

"이 사람은 작록(爵祿)을 누릴 운명이구먼. 그리고 (이 아이가)자네에게 의존해야 자네가 현의 태수에 봉해지게 되어 있어. 그러니 죽이면 되겠는가?"

말을 마친 노인은 순식간에 자취를 감추어 버렸다.

위고는 여관으로 돌아와서 한참을 고민하다가 여관의 하인에게 작은 칼을 주면서 그 아이를 죽여주면 1만 전을 주겠다고 했다.

다음 날 하인은 칼을 숨기고 시장에 가 아이를 찌르고 재빨리 도망해 여관으로 돌아왔다. 위고가 확실히 죽였냐고 묻자 하인이 대답했다.

"심장을 찌르려고 했는데, 그만 미간을 찌르고 말았습니다."

그 후 위고는 계속 혼처를 찾았으나 번번이 혼인직전에 탈이 나고 한 번도 이루어지지 않았다.

14년 후, 조정에서 위고 아버지의 공을 추념하여 위고를 상주(相州)의 참군(參軍)에 임명했다.

자사인 왕태는 위고의 재능을 높이 사 자기 딸을 그에게 시집보냈다. 아가씨는 대략 16~17세로 아주 아름다웠으므로 위고도 아주 만족스러워했다. 그런데 그녀는 미간에 항상 꽃 장식을 하고서 세수를 할 때에도 떼지 않았다.

얼마 후, 위고는 아내에게 꽃 장식을 한 까닭을 물었다. 아내는 눈물을 흘리며 대답했다.

"저는 자사의 친딸이 아니라 조카입니다. 저의 아버지는 송성의 현령이었는데, 재임 중에 돌아가셨습니다. 그 후 어머니와 오빠도 차례로 돌아가시고, 송성 남쪽에 농토만 좀 남았는데, 할머니 진(陳)씨가 거기에서 살았습니다. 당시 저는 아기였으므로 할머니가 저를 안고 시장에서 채소를 팔았습니다. 그런데 어느 날 어떤 미친 사람이 와 저를 찔렀는데 그 상처가 지금까지 남아 있어서 보기 흉하니 꽃 장식을 붙인 것입니다. 7~8년 전에 작은 아버지가 이곳 관리가 되어 저도 이곳에 오게 되었습니다."

위고가 물었다.

"할머니 진씨가 혹시 한쪽 눈이 멀지 않았소?"

부인이 놀라 어떻게 아느냐고 물었다.

위고는 사실대로 말하고, 부인에게 용서를 구하고 그동안의 이야기를 기록했다.

두 사람은 후에 아들 곤(鯤)을 낳았고, 위고는 안문(雁門) 태수가 되었으며, 부인도 태원군태부인(太原郡太夫人)에 봉해졌다.

이 이야기는 《속유괴록(續幽怪錄)》에 나오는데, '혼인을 관장하는 신'의 이름을 알지 못하기 때문에 '월하노인'이라 이름 붙였다.

## 좋은 배우자는 사랑과 우정이 공존한다

결혼은 자신의 부족한 것을 배우자가 보완해 주는 관계가 가장 이상적일 것이다. 이상적인 이 관계가 현실에서는 사랑이 아니라 거래가 되어버린다. 권력을 가진 자가 돈을 가진 자를 배우자로 맞이하는 것이다. 소위 상류사회의 혼맥은 이런 계산을 깔고 있다. 드라마를 보면 이런 거래를 무시하고 순수한 사랑을 고집하는 신데렐라 이야기가 나온다. 이건 드라마니까 가능하다. 자라온 환경이 다르니 다른 기운을 좋아하기가 쉽지 않고 설사 다른 환경의 어긋난 결혼을 하더라도 현실의 삶은 삐걱거리기 쉽다.

부부는 비슷한 기운을 가진 사람끼리 만나는 것이 무난하다. 비슷해야 잘 산다.

친구도 비슷한 기운을 가진 것끼리 친구가 된다. 그렇지만 친구의 인연과 부부의 인연이 같을 수는 없다. 친구는 기운이 일치하는 부분만 같이 하면 된다. 하지만 부부는 일치하지 않는 부분도 같이해야 한다. 최대한 공유점을 맞춰가야 한다. 보통 결혼 5~6년 정도를 권태기라 한다. 이 정도 시점에서 실제로 이혼이 많다. 이 정도 시간은 서로의 장단점과 일치하는 부분과 일치하지 않는 부분도 충분히 살피고 헤아리며 그에 합당한 노력을 할 만한 시간이다. 즉 결혼 5~6년차의 시간은 평생 같이 갈 수 있는지 아닌지를 판별하는 중요한 고비다.

사랑이라는 것은 호르몬의 영향이다. 과학자들은 이 호르몬이 최고 2년 반 정도 지속되는 것으로 보고 있다. 즉 사랑은 길어도 3년 이내에 끝이 나고 몇 년은 그동안 사랑의 여운으로 맞춰가는 시기고 그게 도저히 맞춰지지 않는다면 이혼이 되는 시기다.

남녀관계는 사랑으로 시작하지만 결국 둘 사이에 우정이 있어야 된다. 그 우정이란 게 외도가 됐던 성격차이든 생활고든 간에 내가 포용할 수 있는가 하는 것이 중요하다.

연애는 사랑이 있어야 되고 친구는 우정이 있어야 되지만, 결혼은 사랑과 우정이 같이 있어야 된다. 그러므로 결혼은 연애보다 어렵고 친구와의 우정보다 힘들다.

## 궁합의 이치

일설에 의하면 궁합을 보기 시작한 유래는 중국 한(漢)나라 때부터 시작되었다고 한다.

혜제(惠帝)의 어머니인 여후(呂后)가 정권을 쥐고 있을 때 흉노(凶奴)라는 오랑캐 세력이 막강하여 한나라에겐 큰 두려운 존재였다. 이 약점을 노린 흉노는 한나라의 공주를 아내로 달라고 협박하였다. 이때 여후가 여러 중신들과 대책을 연구하던 끝에 묘한 계교를 한 가지 생각해 냈다. 그것이 바로 '궁합'이라는 것이었다.

한나라에서는 부랴부랴 궁합법을 만들어 흉노에게 제시하며 공주를 주고 싶은 마음은 간절하나 궁합법에 의하면 공주가 젊어 과부가 될 형상이니 어쩌면 좋으냐고 말하고 넌지시 흉노의 동태를 살폈다.

난폭하기는 하나 단순한 흉노는 그 말을 듣자 느낌이 꺼림칙했다. 한나라 공주가 과부가 되어야 한다면 그녀의 남편이 될 사람은 젊어서 일찍 죽어야 한다는 말이었다. 그래서 결국은 한나라 공주를 아내로 삼는 일을 단념하게 되었고 흉노의 청혼을 물리치게 되었다고 한다.

부부는 닮아야 잘 산다는 말이 있다. 관상으로 보는 궁합법은 이 말에 크게 어긋나지 않는다. 관상 궁합은 관점에 따라 조금씩 다르다.

합리적 시각으로 살펴보자.

1. 눈썹의 장단

긴 눈은 인기 있고 주변에 사람이 많다. 반면 짧은 눈썹은 고독하고 외로운 인생이다.

눈썹 길이가 비슷해야 한다. 눈썹의 장단이 극단적인 경우 좋은 궁합이 될 수 없다. 주말부부나 기러기 부부라면 가능하겠으나 그 자체가 이미 좋은 궁합이 아니다.

2. 인당과 전택궁의 대소

   두뇌의 명석함이나 재산의 많고 적음이니 부부라면 비슷해야 하지 않을까.

3. 코의 길이

   코가 길면 보수적이고 짧으면 즉흥적이고 순발력이 좋은 사람이다. 예를 들어 종가집 종부의 중후함이 날라리 서방님을 지극히 섬기기가 쉽지 않고 남편 역시 부인이 미련곰탱이라 생각할 것이다.

4. 입술의 두께

   입술이 두꺼우면 감성이 풍부하고 성감도 발달한 반면 얇은 입술은 이지적이고 논리적으로 따지는 것을 좋아한다. 성격이나 생활 스타일이 다르다면 다툼이 잦든가 생활이 재미없든가 둘 중 하나다.

5. 광대뼈와 귀의 크기

   체력이 다르고 성적인 것에 대한 욕구도 차이가 심하다면 서로간에 생활이 힘들 것이다. 성욕도 부부간에 중요한 요소 중 하나다.

### 얼굴에서 배우자의 추정

자신의 얼굴에서 배우자를 살필 수 있는 방법은 여성은 코와 이마로 추정할 수 있고 남성은 코와 입으로 배우자의 상황을 짐작할 수 있다. 하지만 배우자의 상황을 짐작하는 방법은 눈코입귀가 모두 연관되어 있다고 하는 것이 맞겠다.

객관적인 시각으로 배우자가 좋냐 나쁘냐의 상황을 살피는 방법

외에 자신의 얼굴만 갖고 배우자와의 궁합과 조화를 살필 수 있을까?

추정하는 단서가 있다. 둘의 조화를 살피는 법도 있고 소위 속궁합을 예측할 수 있는 방법도 있다.

두 사람의 조화가 어떤지 부터 먼저 보자.

남자는 코와 이마로 자신의 모습을 짐작하고 입과 턱의 모습으로 배우자의 모습을 추정한다. 여성은 입과 턱으로 자신의 모습을 보고 코와 이마로 배우자의 모습을 추정한다.

남자의 경우 이마는 좋지만 턱이 좋지 못하다면 머리 좋은 선비형일 것이며 자신은 반듯하지만 부인은 그만 못한 경우다. 반대로 턱이 좋다면 자신을 잘 내조해줄 수 있는 좋은 배우자를 만날 가능성이 높다.

여성은 둥근턱이라면 제일 무난한데 좋은 아내가 될 자질을 갖추고 있다고 할 수 있다. 아울러 이마가 적당한 크기로 반듯하다면 사이좋은 신랑감의 배우자를 만난다. 둥근턱을 잘 갖추고 있어도 이마가 부실하다면 자신은 좋은 아내일지라도 남편복이 없는 경우다. 이것은 얼굴 전체로 음양을 나누어 보는 법인데 이마와 턱이 반듯하고 좋다면 부부궁합이 좋은 경우다.

성적인 조화를 뜻하는 속궁합을 추정하는 방법은 뭘까.

입술은 음을 대표하며 음양의 외부 표출이라고 할 수 있다. 이중에 윗입술은 양을 뜻하기에 남편이라고 볼 수 있고 아랫입술은 음을 뜻하기에 부인을 지칭한다고 볼 수 있다.

위아래 입술 두께가 비슷하다면 둘의 궁합이 좋은 편이며, 입술 상하의 두께가 다르면 설사 성격이 좋고 부부가 살 산다고 하더라도 성적인 부분은 잘 안 맞는 경우다. 그래서 이마와 턱은 부부의 대외적인 조합을 본다면 입술의 상하는 대내적인 둘만의 상황을 추정하는 하나의 단서다. 즉 둘의 속궁합을 추정할 수 있다.

두터운 입술은 성적인 감각이 풍부하고 관능적이다. 얇은 입술은 지적이고 사리분별력이 좋다.

위아래 입술 뚜께는 균형을 이루거나 아랫입술이 약간 더 두꺼운 것이 좋다. 만약 입술 상하의 두께가 현격히 다르다면 좋은 속궁합이라고 할 수 없다. 실제로 입술의 상하 두께가 극단적으로 다르면 이혼을 하는 경우가 많은데 이는 성적인 차이가 이혼의 주된 원인이며 성격차이로 이혼하는 부부는 성적인 차이라고 말하게 된다.


**방중술의 여성상**

명기의 상이라고 있다. 이는 성적인 매력이 탁월한 여성을 말한다. 성적인 문제는 일반에 널리 공개된 자료에 의한 것이 아니기에 각기 개인적인 경험에 따른 명기의 외형적 특성이 이렇다고 주장하고 있는데 지극히 개인적인 경험이며 단편적인 시각이다. 하지만 그들 개인적인 경험을 종합하면 중국 성서(性書)에서 말하는 명기상과 제법 일치해 맞아간다.

명기의 상이 절대적인 성적 매력이라면 방중술은 테크닉적인 면이 강하다. 단순히 성적인 매력뿐만 아니라 그 행위로 인해서 남자의 양기를 돋우고 좋은 운명으로 이끌 수 있는 상을 말한다.

방중술(房中術)은 몸의 기운을 돌리는 기술이다. 방중술을 잘 익히면 기운을 양생하여 생명의 연장을 가져오지만 잘못하게 되면 생명 원기를 손상시킨다. 성행위도 몸의 기를 돌리는 기술이기에 과도한 성 행위는 기의 손상으로 생명을 단축시킨다고 보았다.

**방중술이 좋은 여성상**

1. 눈썹이 곡선으로 아름다워야 한다.

   일자 눈썹은 기운만 세고 기교가 부족하니 남자 마음을 사로잡지 못한다.
2. 붉은 입술은 건강함의 증거다. 이는 명기 혹은 좋은 여성상 모두에 해당한다.
앵두 같은 입술을 좋은 입술로 여긴다. 작고 도톰한 입술이다.
3. 치아가 희고 깨끗하며 치열이 곱다.
치열이 곱다는 것은 타고난 정기가 강하며 튼튼한 체력에서 나오는 안정감이 있다.
4. 목소리가 윤기 있고 경쾌하다.
목소리에 전체 기운이 실려 있다. 듣기 선명한 소리가 좋은 소리다. 쟁반에 옥구슬이 굴러가는 소리라고 표현했다.
5. 몸의 털이 곱고 부드럽다.
보통 출산 후에는 털이 굵고 억세지는 경향이 있다. 털은 많지도 적지도 않고 가늘고 부드러움을 최고로 친다. 일설에 의하면 눈썹과 음모의 털은 비례한다. 눈썹이 진하면 음모도 많고 눈썹 털이 옅으면 음모도 옅다.

## 사미와 오병

당나라 때에 궁녀가 최고로 많았을 때가 당 현종 개원, 천보 연간에 궁녀 숫자가 4만 명이라는 기록이 있다. 궁녀가 이렇게 많으니 아무나 막 뽑았을 것 같지만 궁녀를 선발하기 하기 위한 기준은 엄격했다.

궁녀를 선발하는 텍스트 교재로 사용하던 책이 삼봉단결이다. 원래의 이 책은 기공의 내단술의 책으로서 장삼봉이 만든 책이다. 기공 내단술 중에 '선택정기'라고 있는데 정기는 사내에게 이로움을 주는 그릇이라는 의미로 여성을 지칭한다. 삼봉단결은 추상적이고 이론적인 부분이 많아서 효용성이 적었는데 좀 더 현실적으로 쉽게 파악할 수 있도록 만든 책이 현미심인(玄微心印)이다. 자양도인, 사학일인, 양고도인, 청봉자 등이 공동집필했다.

여러명이 하나의 책을 공동으로 집필하여 만든 것은 상부의 요청에 의해서 여러모로 심혈을 기울여 만들어 졌다고 짐작할 수 있다. 한마디로 현미심인은 당나라에서 궁녀를 선발하기 위한 기준을 제시한 책이다. 이중에 좋은 여성상의 핵심으로 사미를 들고 있다.

### 사미(四美)
1. 안색은 홍백이어야 한다.
2. 골육은 균정해야 한다.
3. 피부는 곱고 머리칼은 부드러워야 한다.
4. 목소리는 은쟁반에 옥구슬이 구르듯 또렷해야 한다.

위의 네 가지는 필수이며 이외에도 미인의 조건으로 손이 하얗고 피부는 탄력이 있으며 윤기가 흘러야 한다. 그 모습은 마치 양젖을 잘 버무려 놓은 듯하고 넓고 반듯한 이마에 고른 치아, 눈썹은 나비의 더듬이처럼 가늘고 긴 곡선 모양을 해야 한다. 두 눈은 봉안처럼 약간 끝이 치켜진 듯해야 비로소 합격점이다.

반대로 궁녀를 선발할 때 미색이 아무리 뛰어나도 아래의 다섯 가지에 해당하면 탈락시켰다. 이른바 오병인데 다섯 가지 흉한 것을 꼽고 있다.

### 오병(五病)
1. 나(羅)란 치골이 너무 발달한 것.
2. 문(紋)은 체취나 분비액이 몹시 비린내 나는 것.
3. 고(鼓)란 월경이 없는 것.

4. 교(交)란 남자 같은 목소리.
5. 맥(脈)은 교접 중 질경련을 일으키는 것.

사미가 좋은 여성상의 신체적인 조건이라면 오병은 성적인 불합리한 조건을 직접 거론하고 있다.

궁인이 되어 황제와 잠자리를 하기위해 기다리고 있는 여인은 왼손에 은가락지를 끼고 대기한다. 은가락지를 오른쪽에 끼고 있으면 이미 황제를 모셨다는 뜻이고, 금가락지를 끼고 있으면 아이를 잉태했다는 뜻이다. 생리중이라서 황제를 모실 수 없을 때는 얼굴에 연지 곤지를 찍어서 알 수 있게 했는데 오늘날 혼인의 유래가 되었다.


### 재물과 배우자 기색의 구분

사주에 의할 것 같으면 재물과 여자는 같은 재성으로 이 둘의 구분이 모호하다. 청탁(淸濁)이나 합으로 구분한다고 하나 그게 명쾌하지 않다. 반면 관상에서는 비교적 차이가 있다.

이성이 생길 시는 얼굴이 밝아진다. 미장원이나 이발관에 갔다 오면 혹은 결혼할 새신랑(신부)은 인물이 훤하다고 한다. 얼굴빛이 밝다. 하지만 재물은 밝고 노란 빛을 띤다. 그러니까 밝은 빛이냐 노란 빛이냐로 가린다. 밝은 것이 아니라 그냥 흰빛깔이라면 이는 살기의 기운이니 흉하다. 구분이 필요하다.

모양과 색을 보고서 그게 좋은 인연을 만날 일인지, 돈이 생길지, 취직(승진)을 할지를 구분한다. 하지만 이들은 서로 연관성이 있다. 남자는 돈이 많으면 여자를 찾기 때문이다. 또한 직장도 돈을 버는 것과 연관이 있다.

얼굴 전체가 환한 경우가 있고 부분적으로 좋은 경우도 있는데 연인이 생길 운, 특히 결혼은 얼굴 전체가 밝아진다. 그걸 볼 때 좋은 인연은 큰 경사이며 결혼을 인륜지대사라는 말처럼 평생에 걸쳐서 몇 손가락 안에 드는 큰 경사 중 하나가 틀림없다.

남녀 관계에 대한 신세대 속담이 생각난다. '남자는 돈이 많으면 딴 짓을 하고 여자는 궁색해지면 한눈을 판다.'


## 눈과 눈 사이

눈과 눈 사이에 산근이 있고 눈썹과 눈썹 사이에 인당이 있다. 이 두 곳은 적당히 넓고 깨끗한 것이 좋다. 보통 눈과 눈 사이가 넓으면 눈썹과 눈썹 사이도 넓고 눈과 눈 사이가 좁으면 눈썹과 눈썹 사이도 좁은 게 보통이다.

눈 사이가 넓으면 포용력이 좋고 눈 사이가 좁으면 집중력이 좋다. 각기 단점도 있기 마련인데 눈 사이가 넓으면 맺고 끊음이 불확실하여 헤픈 성격이 되기 쉽고(여성은 정조 관념이 약하다) 눈 사이가 좁으면 성격이 조급하고 신경질적이기 쉽다. 연예인 신동엽은 두 눈이 모아져 있다. 그가 정상권 mc를 오랫동안 유지하는 이유는 집중력과 순발력이 좋기 때문이다.

진화론적으로 보자면 눈 사이가 좁을수록 더 많이 진화된 것이다. 보통 초식 동물일수록 두 눈이 떨어져 있고 육식동물일수록 두 눈 사이가 붙어 있다.

초식동물은 언제 어느 곳에서 적이 나타날지 모른다. 항상 사방을 경계해야 하는데 초식동물 중에서도 곤충류처럼 약자일수록 눈이 많아져 다촛점 렌즈로 눈이 구성되어 있고 척추 동물류의 초식동물은 다초점까지는 아니지만 눈이 좌우로 사방을 잘 볼 수 있게끔 나누어져 있다.

초식 동물은 눈 사이가 넓은데 초식동물이지만 적수가 없는 코끼리 등도 눈 만큼은 양 옆으로 벌어져 넓은 각도를 보게 되어 있다. 고양잇과를 비롯한 거의 모든 육식동물은 두 눈이 모아져 있다.

    육식동물 중에서도 먹이사슬의 최종 포식자에 가까울수록 굳이 적을 살필 필요가 없기에 사방을 경계할 필요가 없고 자신이 목표로 하는 먹이에만 집중하는 것이 유리하다. 그래서 하나의 대상(먹이)에만 집중할 수 있게 두 눈이 모아져 있다.

    초식동물인 영양 등 사슴과는 얼굴의 모서리에 눈이 있어서 두 눈이 대각선 각도로 앞과 옆을 동시에 볼 수 있어서 보는 시야각이 넓으며 눈빛이 선하다. 반면 표범 등 고양잇과는 눈이 얼굴의 앞쪽에 있어서 영양보다 보는 각도가 좁다. 넓게 보지는 못하지만 한 곳에 집중할 수 있다. 육식 동물은 눈빛이 무섭거나 사나운 기운이 있다.

    동물의 먹이 사슬에 의한 이런 진화는 관상에서도 그것과 비슷하게 적용된다. 눈 사이가 넓으면 사물을 폭넓게 보는 포용력이 좋다. 초식동물은 자식을 많이 낳는다. 눈 사이가 넓으면 초식 동물적 기질이 있어서 그런지 성경험도 일찍 하는 경향이 있다. 또한 초식 동물적 특성을 지닌바 순박하고 착하며 성실하다. 특히 자식에게 헌신적이다.

반대로 눈 사이가 좁으면 집중력이 높으며 아울러 집중력은 두뇌가 우수한 요인이 될 수 있다. 하지만 눈 사이가 좁으면 육식동물적 특성을 지닌바 머리 좋고 집중력이 좋지만 과격하고 냉정한 감정을 지닐 가능성이 많다.

### 해로동혈(偕老同穴)

해로동혈은 살아서는 같이 늙고 죽어서는 하나의 혈자리에 같이 묻히니 살아생전과 죽은 이후에도 영원히 함께 함을 뜻한다. 금슬 좋은 부부를 백년해로(百年偕老)한다고 표현하는데 오래 살아서 100년 동안 같이 살면서 늙어간다는 의미고 해로동혈(偕老同穴)은 사후에는 하나의 혈자리에 묻히니 백년해로 보다 의미가 더 강하다.

해로동혈은 해로와 동혈이 한데 합쳐져 하나의 고사성어를 만들었다.

해로(偕老)는 시경 '격고(擊鼓)'편에 나오는 말이다. 전쟁에 출전하게 된 한 병사가 고향에 두고 온 아내를 생각하자 가슴이 멘다. 언제 죽을지도 모르는 참혹한 현실에 함께 늙어가자던 맹세를 어기고 멀리 떠나 헤어지게 되었음을 탄식하는 노래다.

> **生死契濶 與子成說,**
> 죽으나 사나 만나나 헤어지나, 그대와 함께 하자 언약하였지.
> **執子之手 與子偕老**
> 그대의 손을 잡고, 그대와 함께 늙겠노라.

이런식의 사랑이야기는 민간에서 민요로 널리 불리게 되었다. 그 당시의 사랑과 이별을 노래한 발라드 가요였던 셈이다. 이글은 하남성 황하(黃河) 유역에 민요다.

동혈(同穴) 은 시경 '대거(大車)' 편의 시에 나오는 내용으로 초나라에 의해 멸망한 나라의 군주와 부인의 이야기로서 군주는 적국의 포로가 되고 부인은 초왕의 아내로 지목되어 궁으로 끌려갔다. 초왕이 잠시 자리를 비운 틈에 부인은 포로가 된 남편을 만나 '죽어도 이 몸을 타인에게 바칠 수 없다.'고 하는 시 한수를 남기고 자결하자 남편도 따라서 자결했다고 전한다.

 穀則異室 死則同穴
 살아서는 집이 다르나, 죽어서는 무덤을 같이 하리라
 謂予不信有如皦日
 나를 못믿겠다 이를진대, 밝은 해를 두고 맹세하리라

 운명을 연구 하다 보니 진짜 해로동혈 할 배우자를 만난다는 것은 타고난 천복이 있어야 됨을 느낀다. 부부는 운명공동체라는 말이 있다. 일반적으로 그렇게 말하면 대부분의 사람들이 수긍하는 편이지만 현실을 잘 살펴보면 부부가 정말 운명 공동체가 되는 경우는 채 절반도 안 되는 것 같다. 남자는 그런대로 한평생 살만했다고 하는 반면 여자는 같이 사는 게 힘들었는데 그렇다고 혼자 살기도 막막하고 자식이 있으니 이혼이 쉬운 것도 아니다. 좋아서 같이 산 게 아니라 마지못해 살았는데 죽은 이후에도 같이 묻혀야 한다면 끔찍하다고 생각할 수도 있다.

 보통 부부들이 하는 말 "그이와 난 너무 안 맞아요. 생각하는 것도 다르고 행동도 다르고. 그러니 사는 게 느낌이 없어요."

 당신만 그런 게 아니다. 누구나 그러하지만 부부문제를 대놓고 얘기할 곳이 마땅치 않아서 서로 모를 뿐이다. 안 맞는다고 고민이지만 그렇다면 진짜 닮은 부부는 정말 좋을까?

 결론은 그렇지 않더란 것이다. 닮았다면 순간에 서로를 알아보고 열정적 사랑에 결혼하겠지만 둘 다 같은 유형이니 문제가 발생하면 같은 식으로 행동하고 움직이니 해결이 안 된다.

적당하게 약간 다른 것이 최선이다. 약간의 엇박자 리듬은 생활에 장점과 단점을 복합하고 있다. 약간의 엇박자 리듬은 사는데 잔재미는 좀 부족할지 몰라도 감정의 결정적 순간이 서로 다르니 최후의 선택까지는 잘 안 간다. 화를 내는데 있어서 그 최고점도 각기 다르기 때문이다. 너무 다른 것은 사는 게 정말 힘들다. 그리고 옆에 있어도 생활이 외롭고 재미없다. 그래서 약간 다른 정도가 최고의 조합 같다.

남편은 부인을 동반자로서 존중해주고, 부인은 남편에게 좀 더 겸손하게 대한다면 해로동혈의 원앙새가 될 수 있지 않을까.


## 여성의 모발 남성의 수염

머리카락은 피의 여분이며 습(濕)의 결과물이다. 습기가 많아야 나무가 잘 자라듯이 여성의 머리카락은 풍성해야 되는데 이는 습한 것이고 건강한 것이다. 또한 습한 것은 색을 좋아한다. 운우지정(雲雨之情)이란 말이 있다. 남녀가 나누는 육체적인 사랑을 뜻하는데 여기서 운우는 습을 뜻한다. 음은 습(濕)해야 정상이다.

여성의 머리칼은 풍성해야 좋지만 결혼 수 년차의 가정주부는 머리를 달랑하게 해서 소위 아줌마 파마를 한다. 아줌마 파마는 머리 손질의 편리성 때문이며 남편이 있는데 굳이 또 다른 이성에게 어필할 필요가 없다는 현실적이고 실용적인 선택이다. 자신은 편할지 몰라도 아줌마 파마는 부드럽고 풍성하며 여성스러운 마음이 부족한 것이다 그래서 남편에게도 무미건조한 그저 밥해주는 '가족'이 되는 것이다. 어느 유머처럼 남편이 부인한테 뭘 어찌 좀 해보려고 해도 "가족끼리 왜이래?" 이렇게 되는 것이다. ㅎㅎ.

옛날 결혼 전에는 긴 머리를 칭칭 땋아 있었지만 결혼을 하게 되면 머리를 말아 올려서 목덜미를 드러낸다. 흔히 머리를 올린다고 하는데 이는 결혼을 한다는 의미다. 목덜미는 중요한 성감대 중의 하나며 또한 신체의 급소 중 하나다. 포유류 동물은 짝짓기 시 수놈이 암놈의 등에 올라타서 목덜미를 깨무는 행위를 한다. 이는 사랑 행위의 표현이며 머리를 올린다는 것은 이것을 허용한다는 의미다.

여성의 풍성한 머리카락은 건강의 징조지만 남자는 습보다는 조(燥)해야 한다. 근본이 양이기 때문이다. 남자는 장년기를 지나며 머리숱이 적어져서 이마가 벗겨져야 운이 열린다. 이는 습기가 부족한 것이 아니라 건조한 양의 특성이 확대되어 양명한 기운이 발현된 것이다.

대머리가 되면 수염도 빠지게 될까?

나이 들면 머리카락이 흰색으로 변하는데 수염도 이렇게 변하기는 하지만 머리털이 빠진다고 수염도 같이 빠지는 것은 아니다.

수염은 수컷의 상징이기에 멋진 수염은 이성에게 섹스어필의 한 조건으로 수염의 상태로 이성에 대한 매력도를 측정할 수 있다. 좋은 수염은 수염 사이로 살결이 약간 비칠 정도로 성글고 수염 결이 고운 것이 건강하고 성격도 무난하여 삶이 원만하다.

수염뿐만 아니라 몸에 털이 많은 사람이 있다. 가슴털이 나는 사람도 있고 얼굴에도 턱과 뺨 전체를 두둑이 털로 감싸는 경우도 있다.

'털 자랑은 가난 자랑'이라는 말이 있다.

털은 적당한 정도가 좋은 것이지 털이 많은 것은 탁한 것이다. 뺨은 가고(家庫)이며 또 하나의 복덕궁이다. 털이 많아서 뺨에도 털이 텁수룩하게 많다면 창고가 텅 비어 잡초만 무성한 꼴이다.

다만 구분은 필요하다. 귀 앞의 털인 구레나룻도 적당할 정도로 있다면 건강한 것이다. 물론 이것도 과도하게 빽빽하다면 역시 좋다고 할 수 없다.

털은 에너지다. 털이 많다는 것은 에너지가 강한 것이지만 적당한 제어가 될 때 좋은 것이지 털이 빽빽하다면 탁한 것이다.


## 유혹

### 시각은 제 1의 매력

색깔 중 붉은색 자주색 분홍빛 핑크빛 모두 붉은색 계열에 바탕을 둔 것인데 성적인 것과 연관성이 있다. 또한 붉은 색은 정열을 상징하는데 본능에 기인한 성은 인간의 감정 중 가장 강력한 감각이다. 그 강렬함과 연관된 색이 붉은색이기에 붉은색은 정열의 색이 되었다.

사주에서는 도화살과 그것과 같은 계열로 홍염살이 있다. 도화살은 성적매력의 은은함과 아름다움으로 상대를 유혹하는 것이라면 홍염은 좀더 적극적인 육체적 대시와 같다.

흔히 야동으로 표현되는 성적인 음란물은 모두 시각을 자극하는 요소인데 빨강색이 가장 강력하다. 유흥가를 뜻하는 말로 홍등을 걸어두면 술집을 뜻한다. 혹은 성인책은 흔히 빨간책이라고 말한다.

신부의 얼굴에는 연지곤지를 찍는데 이도 붉은 색이다. 모두 빨간색을 성적인 색으로 연관시킨 것이다. 붉은색 외에 보라색은 여성이 좋아하는 빛깔이다. 나이든 여성은 보라색 루즈를 하는 경우를 볼 수 있다. 붉은색이 성적인 강렬함을 담고 있다면 보라색은 풍요로운 감정적 요소를 담고 있다.

시각은 꼭 붉은색만 있는 게 아니다. 공작새는 꽁지깃의 화려함으로 이성을 유혹한다. 아름다운 그림은 고차원적으로 승화된 성적 매력이다. 예술은 모두 여기에 바탕을 둔 것이다. 심리학자 프로이드는 인간행위의 모든 것을 성적인 것과 결부시켜 해석했다.

신체 중에 입술은 최상위 유혹의 요소 중 하나다. 모양과 색깔의 비중이 절대적이다. 사랑을 뜻하는 하트도 입술의 모양과 닮았다.

### 미각은 가장 확실한 매력

먹이를 상대에게 갖다 주는 것은 이성을 유혹하는 가장 확실한 방법이다. 많은 동물들이 이 방법을 취한다. 산다는 것은 일단 먹어야 하는데 그것을 상대에게 가져다주는 것이 배우자에게 어필하는 가장 확실한 방법이다.

사람들은 먹이 대신 돈이 많은 것이 확실한 배우자의 한 조건이다. 돈은 먹는 것의 고차원적 시스템이다.

상대의 마음을 얻고 싶다면 일단 먹여라. 먹여놓고 얘기하자. 커피가 됐던 밥이 됐던 일단 배가 채워지면 마음의 여유가 생긴다. 먹는 것 중에서도 단맛이 가장 효과적이다 초코렛은 그 달콤함과 카페인 덕분에 달달한 감정을 느끼게 한다.

사이 나쁜 연인이 만나서 다투게 된 상황을 해결하려고 말싸움부터 하는 사람이 가장 하수다. 그것보다는 불만이 있어도 굳이 해명하려고 노력하기 보다는

"배가 고프니 일단 밥부터 먹자."

일단 밥을 먹고 나면 그 감정이 좀 누그러진다. 그러니 일단 먹여놓고 얘기는 그다음에 해야 한다.

상대에게 난처한 부탁 같은 것도 마찬가지다. 드라마 같은데 보면 경쟁 상대를 횟집에서 만나 서로 타협점을 못 찾고 상대가 일어서는데,

"음식이 나왔으니 일단 좀 드시고 가시죠."

그렇게 해도 보통 젓가락 한번 들지 않고 그냥 나온다. 이건 심리적으로 일리 있는 전법이다. 일단 먹여라. 그게 유혹의 가장 확실한 방법이다. 관상에서 식록(食祿)이 발달하면 먹을 복이 많다.

### 청각은 가장 포괄적 매력

수컷이 암컷을 부르는 소리는 개구리 등이 대표적이다. 소리로 이성에게 자신의 존재를 알린다. 목소리는 소리로 상대를 유혹하는 보편적 방법이다. 우리도 연인에게 아름다운 노래를 불러준다.

멋진 노래는 상대를 매혹시킨다. 빛깔은 강렬하기는 하되 그 거리가 짧다. 멀어지면 보기가 어려워진다. 또한 밤에는 무용지물이다. 하지만 소리는 빛깔보다 훨씬 멀리까지 전달되고 밤낮의 구분도 필요 없다. 일부 동물의 초음파는 수키로 밖에서도 감지가 된다. 소리는 가장 먼 거리에서 이성에게 자신의 존재를 알리는 확실한 방법이다.

여성은 목소리가 아름다우면 섹스에 능하다. 능하다는 의미는 딱히 색을 밝힌다는 의미보다는 건강하다는 말이 적당할 것 같다. 성도 건강한 몸일 때 그 의미를 잘 아는 것이다.

목소리에는 에너지가 담겨 있으며 사람의 기운 따라 목소리에 담긴 에너지가 달라지니 목소리만으로도 그 인물의 크기를 짐작 할 수 있다. 덩치가 크도 목소리가 가냘프다면 덩치만 크고 별 볼일 없는 경우고 덩치가 작아도 목소리가 강단 있고 맺고 끊는 기운이 좋다면 아무나 함부로 막대하지 못한다.

### 후각은 가장 고급의 매력

역사적 사료에 의하면 로마의 어느 황제는(칼리큘라?)는 새디즘적 색광이었는데 여성의 씻지 않은 그 냄새를 좋아하여 그가 상대할 여성은 절대 씻지 못하게 해서 여성 특유의 케케한 냄새를 좋아했다고 한다. 사실 씻는다는 것은 사람이니까 그렇지 동물은 씻는 경우가 없다. 모래 목욕 등이 있지만 그것은 몸의 세균 소독 등의 목적이지 우리의 청결과는 의미가 다르다. 그러니 로마의 그 황제는 본능적 야성이 강한 것이다.

개들을 포함함 포유류의 동물들은 자신이 다니는 길목마다 오줌으로 자신의 영역을 표시한다. 각 동물은 각기 특유의 체취가 있어서 서로를 분별한다.

모든 생물은 자신과 다른 이성을 좋아하게 진화해왔다. 보통 자신과 같은 유형의 냄새는 싫어한다. 그래서 근친상간은 기본적으로 본능에 위배된다. 동족은 같은 냄새이기 때문이다.

다음으로 같은 동성의 냄새를 싫어하는 게 일반적이다. 동성애도 본능을 거스른 행동이다.

굳이 동성동본의 족보를 따지고 본관을 따지고 그러지 않아도 자신과 잘 맞는 이성은 냄새로 판별할 수 있다. 상대 이성의 몸 냄새가 좋다면 좋은 궁합이다. 요즘 화장품과 향수는 이성의 본래 향을 가려 버리니 상대의 본래 체취를 왜곡시킨다. 상대와 내가 잘 맞는지 살필 수 있는 조건의 하나를 가려버려 판결을 모호하게 만들어 결혼 후에야 그 본래의 냄새를 알게 되니 이때는 이미 늦은 때가 아니던가! 하지만 화장품이 냄새를 가려도 그 본원적 냄새를 알 수 있는 비법을 발견했으니 키스다. 키스는 입술과 혀의 온도와 감각 그리고 냄새와 맛까지 동시에 맡을 수 있는 방법이다. 키스를 진화의 결과라고 보고 싶다.

화장품이라고 무조건 나쁜 게 아니라 각 개인의 본래 향을 잘 살릴 수 있으면 좋지만 체향 전문 코디네이터는 전무한 실정이다.

## 촉각은 가장 진화된 매력

촉각은 가장 고차원적 매력이다. 동물은 애무가 없다 있기는 하되 그것이 고차원적으로 발달한 것이 아니고 서로의 이성을 확인하는 행동정도다.

아픔을 느끼는 통각과 쾌감은 종이 한 장 차이다. 쾌감도 어느 한계가 넘어가면 통증으로 변한다. 피부감각의 발달로 침을 놓고 지압이나 마사지 등이 발달했다. 이 촉각에 맞추어서 사람의 손에는 적외선이 방출되며 아픈 부위에는 자연스럽게 손이 가고 지압은 고통을 경감시키는 효과가 있다. 이성에 대한 터치는 상대에 대한 친밀감을 높이는 확실한 방법이다. 상대의 손(몸)을 잡았을 때 나보다 더 따뜻하다면 호감을 갖게 된다.

모든 생물은 처음 변온 동물로 출발했다. 아직도 파충류 갑각류 등은 저온이거나 변온동물이다. 그러나 척추동물 등 먹이 사슬에 높이 진화한 동물일수록 항온 동물로 변했다. 항온동물이 체온이 낮아지는 경우는 병이 들 경우뿐이다. 그러니 상대가 차다는 것은 나에게 도움이 안 되는 경우인 반면 상대가 반갑다면 심장이 뛰어서 체온을 올린다. 흔히 가슴이 뜨겁다고 말한다. 반대로 상대가 싫으면 마음이 식었다 사람이 변했다 이렇게 말한다. 모두 차갑게 변하는 것이다.

항온동물에게 정을 주는 가장 확실한 방법은 온기를 전해 주는 것이다. 아이를 키울 때도 좋은 장난감과 좋은 옷 등의 환경보다는 한 번 더 안아주는 것이 훨씬 효율적이다. 체온을 전달하는 것이 사랑을 전하는 가장 확실한 방법이다. 체온을 전하는 하나의 방법으로 악수는 남녀를 막론하고 상대에 대한 선의의 감정을 전하는 가장 보편적 방법이다.

### 오감만족

사람은 일반적으로 다섯 가지 감각을 사용한다. 색(色), 미(味), 향(香), 성(聲), 촉(觸).

인간은 오감중 시각과 촉각이 강력한 감각이고 상대적으로 후각은 다른 감각에 비해 뒤진 편이다. 시각과 두뇌의 발달 덕에 인간만이 가지는 유일한 자랑이 예술을 안다는 것이다.

촉각에 의한 애무는 유인원에게서 나타나는 특징이다. 이를 볼 때 촉각과 시각이 가장 발달해 있고 상대적으로 후각은 가장 발달이 느린 편이다.

사랑은 어느 하나의 아름다운 독주회가 아니라 종합적이고 장엄한 교향곡이다. 오감전체를 잘 활용할 줄 알아야 뛰어난 실력자다. 또한 우리의 몸은 전신이 성감대다. 뛰어난 능력자는 어느 하나의 감각에 의존하는 것이 아니라 전 감각을 적절히 사용할 줄 안다.

먹는 것을 제공하는 것은 가장 확실한 구애의 한 방법이다. 그러니 우선 밥부터 먹는다.

사람은 온혈동물이다 그래서 따뜻함을 추구하게 되어있다 상대가 따뜻하고 부드럽다고 느낀다면 좋은 궁합이다. 냄새는 몸이 기억한다. 이성의 땀 냄새가 나쁘지 않아야 한다. 잘생긴 사람은 남녀 모두 프리미엄이 있다. 첫인상을 결정짓는 시각의 효과가 중요하다. 사랑의 노래는 가장 전통적인 방법이다. 그만큼 효과가 확실하다. 많은 젊은이들이 음악 등의 공연에 열광하는 모습이 이를 증명한다.

피부 중에서 털이 난 곳은 민감한 부위다. 같은 피부 감각이라도 손 혀 등 배 등 모두 느낌의 감각이 각기 다르다. 인간이 최적의 진화를 거듭해온 까닭이다.

규칙적인 성생활이 건강에 좋다는 발표를 학계가 다양한 과학적 데이타로 제시하고 있다. 성적 오르가즘은 세포를 활성화 시킨다. 인간의 몸은 경이롭고 심오한 메커니즘으로 움직인다. 괜히 만물의 영장이 된 게 아니다.

### 성감대 1. 一門二裏 三溝四間

예부터 성감대로 표현되어 온 곳으로 알려진 신체부위를 한자로 간략히 표현하는 법이 있다. 한자가 있으니 당연히 동양적 시각이다. 살펴보자.

일문이리 삼구사간(一門二裏 三溝四間)

### 일문(一門)

옥문(玉門), 항문(肛門) 등 문으로 표현하는 것을 첫째로 친다는 말이다. 옥문은 여성기를 이르는 말이다. 항문도 최고의 성감대로 이미 고대부터 그렇게 평가하고 있었다니 선인들의 식견이 놀랍다.

### 이리(二裏)

두번째는 리(裏)인데 리자가 속, 내부, 사물의 안쪽 이런 의미다. 그러니까 감춰지거나 살이 겹쳐지거나 해서 가려져 잘 안 보이는 곳을 뜻하는 말이다.

겨드랑이, 무릎 뒤쪽의 접혀지는 부위, 사타구니 등이다. 그리고 손가락으로 접혀지는 손바닥도 여기에 포함된다. 손바닥도 뛰어난 성감대란 뜻이다. 접히는 곳이라고 할 수는 없으나 발바닥도 여기에 포함된다.

실력있는 제비는 손바닥의 성감대를 활용하는데 아주 능하다. 자연스럽게 악수를 할 수도 있고 손금을 봐준다며 자연스럽게 여성의 손을 만지는데 아주 능하다.

### 삼구(三溝)

구(溝)자가 봇도랑이나 작은 수로를 뜻한다. 그러니까 신체 중 오목하게 구조적으로 홈이 파인 곳을 지칭한다.

귀와 귀 아래(턱뼈와 목이 갈라지는 목덜미), 인중, 배꼽, 엉덩이 등을 말한다.

다른 것은 이해가 쉬우나 인중이 성감대란 것에는 약간 의외다. 그런데 관상을 공부하다 보면 인중을 여성의 자궁과 대비해서 보는 시각이 있다. 인중이 짧으면 자궁의 경도가 짧고 인중이 길면 자궁의 경도가 길다 혹은 인중의 넓이로 자궁의 넓이 등을 추정하는 식으로 인중의 모양으로 자궁의 모양을 유추한다.

### 사간(四間)

네 번째는 사이를 뜻한다. 쌓이거나 서로 대칭되는 곳의 중간을 말한다. 눈과 눈 사이(명궁), 가슴과 가슴사이(명치) 항문과 음부 사이(회음혈), 이곳은 주로 인체의 중요한 경혈이 자리하고 있는 곳이다. 또한 손가락과 손가락 사이, 발가락과 발가락 사이도 포함된다. 손가락은 물론이고 발가락 사이도 부드러운 살결의 감각이 몰려 있는 곳이다. 그러니 발가락은 다른 어떤 곳보다 감도 높은 성감대다.

플레이보이는 발가락 애무에 능하다. 기가 막히게 그걸 찾아낸다.

글을 적다 보니 이런 곳도 성감대였던가 싶을 만큼 여러 곳이 거론된다. 남자는 보통 죽을 때까지 자기 마누라의 성감대가 어딘지 모르고 죽는 경우가 허다하다. 세상 모든 일에는 공부가 필요한 모양이다. ㅎ.


### 성감대 2. 온도가 요술을 부린다

사람은 일정한 체온을 유지하게 발전해 왔고 만약 체온이 낮아지는 경우 병이 들게 된다. 감기가 들거나 할 경우는 몸의 체온을 올려서 몸의 세균을 박멸한다. 몸의 열을 올리는 극단적인 방법으로 쑥뜸 같은 방법도 있다. 얼마나 뜨거운지 아예 살을 태우는 것이다. 살을 태우게 되며 세균도 살도 모두 다 태워 죽이지만 죽은 살은 다시 생살이 돋아서 건설된다. 이처럼 몸의 열은 우리를 살리는 행위로 인식하고 반대로 몸의 온도를 내리는 것은 우리의 생명을 위협하는 상황으로 인식한다. 암은 몸의 체온이 저하되어 그 상태가 상시적일 때 발생한다는 주장이 있다.

  몸이 따뜻해지면 신진대사는 활발해지고 몸의 본래 기능을 충실하게 되니 성적 오르가즘은 세포를 활성화 시켜 건강한 몸을 유지하게 된다. 사랑은 온도와 비례한다. 온도가 요술을 부린다. 온도가 올라가면 모든 문제가 해결된다. 병이 사라지는가 하면 인연이 약해지던 사랑도 다시 마음이 돌아오고 정신적인 문제도 해소가 된다. 마음의 온도를 올려라. 그런데 실제 신체의 온도가 마음의 온도까지 변화시킨다.

  따뜻함에는 세 종류가 있다.

### 적(赤)

  가장 원초적인 붉은색이니 몸의 따뜻함을 말한다.

  남녀의 행위에 있어서도 상대의 몸이 따뜻하다고 느낀다면 호감을 갖게 된다. 특히 상대를 받아들이는 입장인 여자는 상대의 몸이 따뜻한 것이 아주 중요하다.

  남녀의 애무에 있어서 상대의 거부감을 줄이는 효과적 방법은 나의 손을 따뜻하게 하는 것이다. 상대의 몸에 닿는 나의 손이 차다면 여성은 몸을 움츠리게 된다. 그러니 먼저 나의 손을 따뜻하게 하고 나의 몸을 따뜻하게 해야 비로소 여성의 몸도 따뜻하게 할 수 있는 것이다. 서로의 따뜻함이 비벼질 때 정상적인 온도 이상의 여유로운 열기를 갖게 되니 건강하고 밝게 되는 것이다.

  물은 비중이 높아서 온도변화에 느리다. 쉽게 뜨거워지지도 않지만 한번 더워지면 쉽게 식지도 않는 물질이 물이다. 인체는 70% 이상이 물로 채워져 있어 쉽게 더워지지 않는다. 더구나 근본 속성이 음인 여성은 양인 남자보다 더욱 덥혀지는데 느릴 수밖에 없다. 이에 여성들은 몸이 덥혀지기도 전에 남자는 끝나버리는 우를 범하고 만다. 남자는 불이고 여자는 물이다. 이 속성을 잘 헤아려야 한다.

### 단(丹)

우리를 둘러싸고 있는 환경,
방안의 온도와 따뜻한 음식 등 온화한 주변 환경이 중요하다.
흔히 여성이 느끼는 로맨틱한 분위기는 이런 환경에서 비롯된다.

### 주(朱)

노력으로 갖출 수 있는 요소 실제적인 효과보다 보이는 이미지다. 붉은 립스틱, 화장품 등이며 첫 월급은 빨간 내복을 부모님에게 사준다거나 하는 주술적인 의미가 있는 것도 사랑의 색깔이 담겨 있다.


## 성감대 3. 물길을 따라가라

역사적으로 유명한 성서(性書)가 있다. 중국의 소녀경, 인도의 카마수트라 등이 알려져 있다. 이런 성서에 의하면 땀이 날 때 땀이 흘러가는 길이 성감대라는 말이 있다.

몸의 신체구조는 들어가고 나온 굴곡이 지게 마련이다. 그런데 땀이 날 때 땀은 몸의 굴곡진 것 중 오목하게 들어간 곳으로 흐르게 되어 있다. 물이나 땀이 흘러가는 이런 굴곡이 성감대의 흐름이 되는 것이다.

풍수에 장풍득수란 말이 있다. 바람을 숨기고 물을 얻는다는 말인데 오목하게 물길이 고이는 주위에 인가가 형성되고 물을 바라보는 방향으로 집을 지으니 배산임수란 말이 나오게 되었다. 풍수의 최고 길지는 여성의 음경의 모양을 닮았다.

물이 흘러가거나 물길이 모이는 웅덩이 모양이 어디일까. 언급하다시피 음경을 포함한 배꼽 등이 오목한 곳이며 가슴골 등은 물길이 흘러가는 곳이다 또한 골반뼈를 따라서 다리가 연결되는 부위도 오목하게 물길이 흘러가는 곳이며 등에는 척추를 따라서 등 중앙을 지나가는 등뼈 곡선이 좋은 성감대다. 등뼈는 목 뒤쪽의 머리뼈에서 척추로 이어지는 연결부위로 오목한 곳이 아문혈인데 이곳이 등뼈 물길의 발원지인 셈이다.

성감대와 관련하여 총 세 개의 다락으로 나누었는데 전체 결론을 대신하여 질문 두 가지로 마무리하고자 한다.

1. 신체 중 가장 에로틱한 곳은?
  각선미, 가슴골, 힙라인, 붉은 입술, 각자의 생각은 다 다르겠으나 정답은 바로 머리속이다.
2. 사랑에 있어서 여자를 절정에 이르게 하는 최고의 테크닉은?
  무슨 현란한 기교를 생각하는가.
  최고의 테크닉은 사랑하는 마음이다.
  마음! 성심성의를 다해라. 그게 최고의 성애 테크닉이다.'


## 도화살은 동료보다 이성을 홀린다

얼마 전 어떤 지인이 아무런 설명 없이 어느 여성분의 사진을 내밀고 이 여성의 눈빛을 좀 봐달다.

'돈이 많지는 않겠고 남편이 훌륭해 보이진 않으나 있을 것이고 다만 눈빛의 도화기와 신장 기능이 아주 강해 보여서 남자 밝히고 색을 즐기겠다.'

전체적으로 요염한 눈빛 외에 나쁜 사람 같지는 않았다. 또한 아무것도 모르는 상태에서 나쁜 말은 하지 않는다. 도화기가 좀 있다 정도였다. 나쁜 말은 이기적인 면이 있어서 자기 형편이 어려워지면 남이야 어떻든 자기만 생각하겠다 정도였다.

질문의 요지는 이 여성이 돈을 갚지 않으니 받을 수 있겠느냐하는 것이며 남편이 있으나 남자관계도 복잡하고 뭐 그런 여자였다. 난 나쁘게 보지 않았는데 다시 봤다. 그냥 예쁘니 착하게 봤던 것인데 객관적으로 찬찬히 살펴보니 색기가 아주 강하다.

왜 좋게 봤을까. 도화기는 남자를 홀린다. 아마 내가 여자였다면 좀 더 객관적 시각으로 달리 봤을지 모르겠다. 나도 남자인지라 여성을 보는 눈에 어쩔 수 없이 사심이 개입된다. 그렇다면 여성이 남자를 볼 때도 마찬가지 아닐까.

본원적 실체보다 이성을 홀기는 매력이 있기 때문에 제비나 꽃뱀이 먹고 산다. 이건 명석치 못해서 그런 것이 아니다. 유럽의 어느 대통령도 재혼자 부인이 포르노 배우 출신이 아닌가!

여하튼 이 사례에서 이성의 얼굴을 보는 방식에 있어서 한 가지 배운 것 같다. 어느 분야든 그 방면의 전문가도 실수를 한다. 그게 실수도 있고 때로는 상대의 타고난 자질일 수도 있고 혹은 제 3의 우연이란 것도 비일비재한 것이 우리의 삶이다.

지인분은 돈을 못 받을 것 같다. 즉석에서 주역점 결과가 좋지 않았다. 포기하는 게 마음이 편하지 않을까 하고 말씀 드렸다.

'자나깨나 여자 조심 도화살은 더욱 조심!' ㅎㅎ….


## 도화살(桃花煞)의 심화학습

### 도화살의 정의

도화(桃花)란 복숭나무 꽃이라는 뜻이다. 복숭나무는 아무 곳이나 잘 자란다. 또한 특별한 개성이 부족하다. 장미는 새빨간 색이며 튤립은 노랗다. 이런 특별한 빛깔과 향 모양 등은 호불호가 극명하게 갈린다. 반면 도화는 희거나 옅은 분홍색이 많으며 품종에 따라 중심부는 짙은 검남색도 있다. 그리고 수술이 많다. 전체적으로 도화는 소박하고 단백한 편이다. 특별히 좋은 향도 아니다 그러니 싫어하는 이도 특별한 거부감이 약하다.

도화 꽃을 피우는 복숭나무는 주변의 척박한 땅에도 쉽게 볼 수 있는 나무로 열매가 열리는 과일 나무인데 복숭아는 신선이 먹는 식품으로 전설상에 회자된다. 실제로 복숭아 속에 포함된 각종 영양소 중 황산화 물질이 노화를 늦추는 작용을 한다.

특수한 경우 복숭아 알레르기가 있는 경우도 있지만 보통 도화는 누구나 좋아할만한 형태다. 그냥 무난하게 꽃이니까 예쁘다 이렇게 볼 수 있지만 이게 군락을 이루면 환상적인 화사한 빛깔을 이룬다. 이렇듯 도화는 약할 때는 특별한 개성도 부족하고 무난하지만 다량으로 군집을 이루면 그 환상적 빛깔에 사람을 취하게 한다.

사람은 누구나 일정량의 도화기운이 있으며 사람에 따라 많고 적음의 차이가 있다. 도화의 기운을 도화끼(桃花氣)라 하고 도화끼가 강해지면 도화살(桃花煞)이 된다.

도화살 중 그 의미를 천대해서 노류장화라는 표현이 있다. 노류장화(路柳墻花)는 길가의 버드나무, 담장가의 꽃 이런 뜻으로 술집 기생을 이르는 말이기도 하다. 도화가 천박해지면 노류장화로 불리고 도화의 기운이 강해지면 도화살이라 부른다.

살자는 두 개가 있는데 살(煞)과 살(殺)의 두자다.

두 자 모두 의미는 통한다. 그래서 한자로 도화살(桃花煞)과 도화살(桃花殺) 어느 것을 사용해도 무방하나 일반적으로 도화살(桃花煞)자를 쓴다. 이유는 살(煞)자는 명리학에서 사용하며 사람이나 생물, 물건 등을 해치는 모진 기운, 흉신, 악살 등의 의미가 있는 무속적 개념으로 발전했다. 반면 살(殺)자는 풍수에서 주로 사용한다. 일반적으로 도화살이라고 하면 명리학적 의미가 있는 살(煞)자를 일반적으로 쓴다.

도화살이 약할 때는 별 볼일 없다가 점점 도화기운이 강하면 사람을 취하게 한다. 술이나 마약처럼 취하게 하되 그 취하는 강도와 방식이 각기 다르며 수십 가지로 분류한다.

흔히 치정(癡情)에 의한 사건사고는 도화살의 작용이며 구체적으로 어떤 도화살이다 이렇게 말할 수 있다.

사주에서는 따로 명리에 맞춰서 분류하지만 관상에서는 형태적 특성으로 분류한다.

그 12가지의 대강을 살펴보자.

### 도화살의 종류

**양지도화(兩枝桃花),**

일반적으로 도화는 이성이 그 대상이다. 그래서 양지 도화는 양쪽 가지에 이성이 있다. 이른바 두 집에 옷을 걸어두고서 양쪽 살림을 하는 경우다. 어찌 그럴 수 있냐고 하겠지만 소위 세컨드를 두는 경우다. 일부 아랍권에는 아직도 일부다처제를 허용한다.

**쌍(雙)도화,**

주로 이성문제에 있어서 삼각관계가 빚어진다.

양지도화는 가지가 두 가지로 따로따로인데 반해 쌍도화는 한 가지에 두 개의 꽃이 피었다는 의미다. 양지도화는 돈이 많아야 가능하지만 쌍도화는 돈이 없어도 운명적으로 빚어지는 경우다.

**절삽(折揷)도화,**

꺽는 도화라는 의미니 남의 것을 가로채든가 반드시 파탄에 이르게 하는 도화다. 불륜으로 바람이 나서 헤어지게 만들지만 새로 재혼도 못하고 가정만 파탄 내는 결과를 초래한다.

나뭇가지를 꺾어다 놓으면 이내 곧 시든다. 절삽은 이런 의미니 변덕이 심하여 새로운 연인을 만났다 헤어짐의 연속이다. 아주 심한 바람둥이다.

### 양인(羊刃)도화,

횡포한 폭력남편이다. 심할 경우 목숨이 왔다 갔다 하며 인생이 끝장나는 수가 있다. 단순히 폭력남편이 아니라 남의 것을 가로채서 자기 것으로 만드니 양인도화는 천하의 개망나니다.

### 홍염(紅艶)도화,

붉을 홍, 고울 염자다. 붉고 곱다는 뜻이다. 섹시한 매력의 도화다. 도화의 많은 유형중 성적 매력의 의미가 제일 강하다.

홍염은 사주에서 화개살과 비교할 수 있는데 화개살은 예술의 의미로 아름답고 곱다는 뜻이다. 이성의 의미가 있기는 하지만 그냥 아름다운 이성의 의미인데 반해 홍염은 성적인 섹시함이 아주 강렬한 의미다. 즉 그냥 예쁜가 성적인 세시함이 있는가의 차이다.

### 태공(太公)도화,

강태공에게서 비롯되었다는 이 도화는 이팔청춘이 백발이 되어야 인연을 만난다고 하는 도화다. 기다리는 도화다.

개인적인 생각은 견해를 달리한다. 도화의 의미는 이성을 만나는 상태보다는 이성에게 매력을 느끼는 의미가 주된 목적이다. 태공도화는 나이 많은 남자에게 끌리는 도화를 뜻한다.

도화의 의미는 이성적 매력을 뜻하는바 나이 많은 자기 아버지(어머니)뻘에게서 자신을 잘 다독여주는 편안한 매력을 느끼는 것이다.

단순히 나이가 많아서 만나는 이성이란 기존의 태공도화는 이게 도화살의 한 형태가 아니고 그냥 배우자 인연이 약한 것이다. 이걸 굳이 도화살이고 말한다면 이성의 기운을 아주 약하게 타고 태어난 살(도화살)이라고 말할 수 있다.

### 대살(帶殺)도화,

도화에 살기를 둘렀으니 상대자가 다치거나 죽게 된다.

'그 사람을 사귀고 부터는 사건사고가 끊이지 않는다.' 이런 사람이 있다. 혹은 뜻하지 않게 죄를 지어 수옥 생활을 하는 것으로 대살의 액땜을 하는 경우도 있다. 이런 경우는 노안(怒眼 화난 눈빛)일 가능성이 많다. 노안은 투쟁심이 극도로 강해서 무엇이든 지고는 못살고 밥은 굶어도 자존심은 세워야 한다. 노안은 건달로 풀리는 경우가 많고 살기 때문에 정상적인 가정생활이 힘들어 독신으로 지내는 경우가 많다.

### 석불(石佛)도화,

돌미륵처럼 건장한 체격에 매력을 느끼는 도화다. 실제의 부처님이 얼마나 큰 덩치였는지는 모르겠으나 부처님의 의미는 그 영향력이 강하기에 큰 덩치를 의미한다.

보통 체격이 작은 여성이 큰 덩치의 건장한 남성을 선호한다.

### 세류(細柳)도화,

석불도화와는 반대로 날씬하고 호리호리한 사람을 좋아한다. 요즘 선호하는 S라인의 날씬한 사람이 세류도화의 표본이다. 날씬하고 매끈한 피부의 의미도 포함된다.

### 화중(畵中)도화,

그림속의 도화를 뜻하니 못 먹는 떡이요 잡을 수 없는 사람을 그리워하는 것이다. 또한 그림을 좋아하는 도색잡지. 포르노 산업 종사자와 그 영상을 좋아한다.

제복(군복, 유니폼 등)같은 특정한 부류의 직업이나 사람을 선호한다.

**패옥(佩玉)도화,**

몸에 보석을 박았다고 하는데 이런 표현은 해석상의 오류로 보인다. 귀중품을 특히 좋아하는 도화로서 남자는 여자로 인해 부귀해지거나 처덕이 있는 도화다. 그러니 귀부인 도화다.

요즘 건달이 두툼한 체인 금목걸이를 하고 있던가 여성이 굵고 치렁치렁한 몇 겹의 진주목걸이를 하고 있는 것과는 다르다. 진정한 패옥도화는 이렇게 노골적으로 드러내지 않는다.

**탈진(奪眞)도화,**

피골이 상접해 기진맥진할 때까지 섹스에 탐닉한다.

거지가 걸신이 들리면 보통사람 네댓 명 분의 음식을 한꺼번에 먹어치우듯이 섹스 귀신이 들렸다고 표현하는 게 맞겠다. 탈진도화는 상대의 기운을 빼앗아 가기에 기력이 말라가다 결국 죽음에 이르게 된다.

이상 12가지로 분류된다.


### 남자의 다층구조

가끔씩 남자들이 혼외자식이 있거나 바람을 피우거나 심지어 현지처 등으로 두 집 살림을 하는 경우가 있는데 여성은 '마음은 딴 데가 있는데 자기는 껍데기만 데리고 살았다'고 분하고 억울해 한다. 두 집 살림을 하는 경우 둘 중 하나는 사랑이지만 한쪽은 그냥 갖고 논 것일까? 꼭 그렇게 단정적으로 말 할 수는 없다. 맘은 딴 곳에 가 있는데 껍데기만 껴안고 살았다 그런 건 아니란 것이다.

남자는 기본적으로 독립된 각기의 여자 방이 있다. 다층 구조인 셈이다. 여자는 한 번에 한 남자만 바라본다. 하지만 남자는 동시에 여러 여자를 사랑하는 게 가능하다. 여자는 이해 못하겠지만 남자의 심리구조는 그렇게 구성되어 있다.

동물은 한 마리의 수컷이 여러 암컷을 거느린다. 이런 동물적 특성이 그대로 사람에게도 이어져 왔으니 한꺼번에 두 집 살림이 가능한 것이다.

우리 속담에 '열 여자 마다 할 남자 없다'는 속담이 있다. 이게 윤리적으로 심각한 범죄라고 생각했다면 이런 속담이 생기지 않았을 것이다. 남자는 여성과 비교해 여성보다 많은 자식을 생산할 수 있는데 여성과 동등하게 취급받는다면 불합리하다고 생각할 것이고 그 결과 많은 여성으로부터 더 많은 자식을 낳는 것이 윤리적으로 부당하다는 마음가짐이 점차 희석되어 가는 단계에 이른 것이다.

여자와 다른 남자의 여성관에 대해 단순히 남성 중심의 이기적인 생각이라고 치부해도 할 말이 없지만 진화는 끊임없이 지속되며 최적의 합리성을 찾아서 발전해 왔으며 앞으로도 그럴 것이다.

이 진화의 결과를 생각해보자. 결국 여러 명의 부인으로부터 많은 자식을 낳는다는 것은 능력이 안 되어 못할 뿐이지 윤리적으로 범죄가 아니라는 결과로 갈 것이다.

세계 여러 나라에서 간통죄가 폐지되었다. 국제적 흐름에 맞추어서 우리나라에도 간통죄가 없어졌다. 배우자 외의 사람과 성행위가 법을 어긴 게 아닌 것이다. 하지만 아직도 윤리적으로 지탄받는 일이다. 남들에게 알려졌을 때 지탄받는 것이지 남이 모를 때는 남의 돈을 훔친 것처럼 죄의식에 시달리는 것이 아니라 스스로 범죄의식은 약화되어 가는 것이다.

남자의 바람기는 본능에 기인한다. 최대한 자신의 씨를 많이 뿌리려는 본능에 의식을 두고 있으니 바람기 자체는 선악이 없다.

남자의 다층구조는 바람기로 나타나고 여성은 이를 막으려는 마음이 질투심으로 표출된다.


## 바람기도 타고나야

　바람기를 타고나서 평생 마누라 속 썩이며 사는 경우가 있고 수많은 여자를 거쳐 가도 부인한테는 애처가 남편으로 인정받으며 사는 사람이 있다. 마누라에게 매번 들키는 입장에서는 '그건 물리적으로 도저히 불가능한 일' 아니냐고 할지 모르지만 정말 알 수 없는 게 사람인지라 애인 둘 팔자로 타고나면 평생 부인 외에 애인을 두지만 탈이 안 난다. 그게 부인이 미련해서 그런 게 아니다.

　여성은 남자보다 감각이 월등히 예민하다. 남편이 매일 늦고 양말 짝을 거꾸로 신고 오거나 와이셔츠에 입술 자국을 묻혀 오든가 그렇게 티내지 않아도 변한 게 아무것도 없는데 뭔가 남편이 달라졌다고 느끼는 경우가 있다. 부인의 촉은 남자보다 발달했다. 그런데 그렇게 부인의 감각이 발달해도 부인의 감각과는 무관하게 남편이 바람을 펴도 티가 안 나는 경우가 있다. 그래서 타고나야 된다고 말하는 것이다.

　물론 그것은 여자도 마찬가지다. 장바구니를 들고 카바레 가듯이 배우자에게 들키지 않고 자연스럽게 바람피우는 능력은 섬세한 여자 쪽이 훨씬 우수하다. 다만 남녀는 생리적 속성이 남자가 더 바람을 피우는 생물적 구조를 갖고 있을 뿐이다.

　바람기와 관련해서 아예 부인(남편)이 모르는 게 속편하다. 괜히 들키면 부인 입장에서는 그냥 살자니 속상하고 헤어지자니 그것도 어렵다. 그러니 기왕 바람을 피려면 확실한 계획의 완벽한 비밀로 배우자의 마음을 아프게 하지 말아야 한다. 그것도 능력이다.

　어느 고수의 화려한 여성 편력기의 경험담을 들은 적이 있다. 대단한 기술이 있는 줄 알았다. 그런데 의외로 단순했다.

**첫째. 용기**

보통 사람은 거절이 두려워 대시를 않는다. 또한 자존심 때문에 꺼린다. 그들도 성공율 30%라면 그 업계에서도 고수다. 보통 사람은 10번의 대시 중 한번 성공하면 잘하는 것이다.

**둘째. 그 상대에 진심을 다한다.**

금방 변심할지언정 현실에 충실하며 그 순간만큼은 최선을 다한다. 이하 나머지는 모두 세부적인 것이고 큰 원칙은 이 두 가지였다.

남자의 바람기나 여성의 도화살은 이성에 대한 에너지가 강한 것이다. 하지만 강하기만 하고 품격이 없고 투박하다면 사회적 문제가 된다. 큰 에너지는 큰 책임도 따른다.

**엿보기; 불륜의 법칙**

1. 절대 들키지 마라.

   만약 배우자에게 들켰을 경우 깨끗이 정리한다.

   부인을 행복하게 만들고도 에너지가 남을 때 여분을 다른 여인에게 사용하는 것인데 배우자에게 들킨다는 것은 총체적 능력이 부족한 것이다. 바람도 능력이다.

2. 끼리끼리 만난다.

   처녀는 총각과, 유부남은 유부녀와 돌싱은 돌싱과 만난다. 그렇지 않으면 한쪽에서 매달릴 수 있으니 균형이 어긋난다.

3. 외박은 안한다.

   늦더라도 꼭 집에 들어간다. 확실한 알리바이가 있어도 외박은 일 년에 두 번도 많다. 물론 직장 혹은 집안 행사 등으로 인한 외박은 예외다. 또한 취미 활동 이를테면 밤낚시 무박산행 등도 확실한 규칙을 세워놓고 일정 선을 지킨다.

기본적으로 의심을 살만한 시간에, 의심을 살만한 장소에, 의심을 살만한 행동을 하지 않는다. 그런 예측 가능한 행동들은 문제가 된다.

4. 모텔 등의 스킨로션 화장품 등은 사용하지 않는다.
대중 목욕탕 모텔 등의 대중 업소용 화장품은 모두 대량 공급됨으로 향이 같다.
어떤 유머가 생각난다.
남녀 한 쌍이 버스를 탔는데 앞좌석의 남자에게서 향수 냄새가 났다.
여 : 향이 모텔 화장품 냄새네,
남 : 네가 그걸 어떻게 알아??
여 : 어, 그, 그게~.

5. 여행전문가 수준의 지리 감각과 지역의 토속 음식과 유명 맛집을 꿰고 있다.
요즘은 인터넷이 편리하다. 정보의 양만큼 익히게 된다.

6. 퇴근 이후는 내 소유가 아니니 연락하지 않는다.
꼭 연락 할 일이 있을 경우 미리 약속된 광고 문자를 보낸다.
답장이 없다고 다시 하지 않는다.

7. 문자 메일 등 일반적인 연락법 외에 별도의 메신저를 사용한다.
요즘의 스마트 폰은 잠금장치가 되어 있으니 자기만의 관리법이 필요하다.

8. 헤어질 경우 버리는 게 아니라 좋은 친구 관계를 유지한다.
'그래도 그 사람은 나한테 좋은 사람이었어…!'
그런 관계가 아니면 앙심을 품을 수 있다. 특히 헤어진 이유가 새 연인 때문이며 상대가 그것을 알게 된다면 치명적이다.

9. 부인과는 다른 스타일을 사귄다.
부인이 고상한 스타일이면 술집 여자가 어울린다. 그 대상자의 수준을 부인과 비교 평가한다면 하수다.
10. 예쁘고 늘씬한 미녀를 찾는다면 하수다.
    돈 많은 여자를 찾는다면 중수다.
    좋은 궁합(육체적으로 정신적으로)을 찾는다면 고수다.
11. 맺고 끊음이 확실해야 되지만 그런 티를 내서는 안 된다.
    어떤 얘기든 '그건 안돼' 그런 건 없다. 모두 포용하고 안고 가야 된다.
12. 상대를 진정 위하고 사랑해줘라.
    상대도 그걸 안다. 경험 많은 전문가가 상대를 만족시킬 줄 안다. 그런 마음이 부족하다면 본인의 폭넓은 에너지가 부족한 것이다.
13. 아주 가깝거나 친하거나 믿을 수 있는 사람이라도 굳이 자랑하거나 떠벌리지 않는다.
    그 사람을 못 믿어서가 아니라 인간관계는 어찌 변할지 알 수 없고 또한 전혀 엉뚱한 곳에서 사단이 나기도 한다.
14. 애인은 운과 재능의 합작이다
    애인을 둬도 탈이 없는 사람이 있고 아무리 노력해도 안 되는 팔자가 있다.
    꼬리가 길면 언젠가는 밟힌다는 말이 있지만 운명이 그렇게 구성되면 애인을 둬도 탈이 나지 않는다. 설사 탈이 나도 큰 문제 없이 해결된다.
    애인을 둘 팔자가 애인이 없으면 부부 사이가 나쁘다가 애인이 있으면 평소 배우자에게 잘하게 되니 오히려 부부사이가 좋아진다. 이는 명리전문가의 주장이지만 일리 있는 말이다.
15. 위의 조건을 모두 갖춘 완벽한 이상형을 만났다면 그 사람은 인연이 아니다. 세상에 완벽은 없다. 50%만 마음에 들면, 30%는 맞춰가는 것이고, 20%는 현실적인 선택으로 결정된다.

이상은 70대에 아직도 현역으로 활동하는 어느 전문가의 노하우다. 내용은 편의상 임의로 나누었다.
그 외에 대화법 등의 세부적 각론이 있다. 예를 들면
"이 식당 진짜 맛있는 집이야~!"
이게 보통이라면
"이 집은 불륜 커플들이 많이 찾는 집이래~."
이런 위트가 필요하다.


## 한정설과 샘물론

생명이 가진 모든 존재는 생활의 반복으로 이루어져 있다. 각 생활의 반복주기는 모두 다르다. 밥 세끼를 먹는데 너무 많지도 적지도 않게 하루에 3번을 기본으로 한다. 한꺼번에 10일치 양을 먹을 수 없고 10일에 한번만 먹는 것도 안 된다.

호흡수 또는 심장 박동수도 고유의 주기가 있다. 평생 타고난 호흡 숫자가 있다는 것이다. 그래서 호흡수를 길게 하여 오래 산다고 보며 또한 호흡수가 정해져 있다는 것은 영생이나 불멸은 없다는 말도 된다. 생명은 유한하다.

난자와 정자의 동양적 시각을 살펴보자.

여성은 2세의 생명을 위한 시설로 자궁은 몸 안에 따뜻함을 요한다. 생명의 본질은 온기다. 반면 남자의 고환은 몸 외각에 서늘하게 보관된다. 음(정자)의 본질은 차니까 따뜻하게 하면 무력해진다.

여성은 몸이 차면 임신이 어렵다. 닭이 알을 품는 것도 온도를 올리기 위한 것이다. 이처럼 생명을 기르는 데는 온기가 중요한 요소다. 반면 남성의 고환은 따뜻하다면 정자생산이 불량한 것이다. 고환의 주름은 더우면 몸으로 부터 멀리 떨어지게 하고 추우면 몸 쪽으로 오그라들게 한다. 날씨에 따라 신축적으로 조정되는데 내가 그렇게 조절하는 게 아니고 몸의 자율신경에 의해 본능적으로 최적의 환경에 맞추는 전자동 시스템이다.

　남성의 정자 사용에 대해 과학은 샘물론을 주장한다. 샘물을 퍼내면 다시 솟아나듯이 사용하면 할수록 더욱 발전 될 수 있다. 하지만 동양학에서는 한정론을 주장한다. 제한되어 있기에 아껴야 된다는 것이다.

　그럼 한정된 양은 얼마일까? 숫자가 아니라 양이기 때문에 측정이 어렵다. 또한 체질 따라 성적 능력은 편차가 심하다.

　기타 다른 것도 정확한 측정은 어렵지만 적게 먹으면(소식) 그만큼 건강하거나 장수한다고 본다. 적게 호흡하면 그만큼 장수한다고 본다. 적게 사정하면 그만큼 장수한다고 본다. 정액뿐만 아니라 밥 먹기, 숨쉬기, 심장박동, 여성의 배란 등은 모두 태어나면서 이미 정해진 숫자가 있다는 것이다.

　동양의 수치에 의할 것 같으면 여성의 난자는 한정된 시간(14세~49세), 한정된 양의 이 수치는(35년×12달= 420개) 평생에 걸쳐 약 500개 미만의 난자가 배출된다. 남자는 16세에서 64세까지가 정자생산에 유한한 능력이 있다고 본다.

　여성은 한 달에 한번 피를 보는 생리적 손실이 있고 남자는 정액이라는 원기의 손실이 있다.

　산다는 것은 이렇듯 날마다 조금씩 생명의 본원적 기운을 깔아먹는 것이다. 더 이상 깔아먹을 기운이 없으면 생명은 끝난다.

　슬프다.ㅠ.

## 조강지처와 칠거지악

후한(後漢)의 광무제에게는 일찍 남편을 여읜 미망인이 된 누나가 있었다. 혼자 사는 누이가 딱해 보여 적당한 배우자를 골라 주려고 신하 중 누가 마음에 드느냐고 물었더니 송홍이라고 답했다. 그런데 송홍에게는 부인이 있었다.

누이를 첩으로 보낼 수는 없고 정실부인으로 만들어야 하는데 먼저 송홍의 의중을 알아야겠기에 송홍을 불렀다.

"흔히들 고귀해지면 친구를 바꾸고, 부유해지면 아내를 버린다고 하던데 인지상정 아니겠소?" 라며 배우자와 관계가 어떠한지 넌지시 떠보았다.

송홍이 답하기를 "가난하고 천할 때의 친구는 잊지 말아야 하며(貧賤之交 不可忘), 술지게미와 겨로 끼니를 이을 만큼 구차할 때 함께 고생하던 아내는 버리지 말아야 한다(糟糠之妻 不下堂)"고 말했다.

여기에서 '조강지처'가 유래했다. 부인도 친구처럼 결국 의리가 있어야 된다는 의미다.

조강지처는 고스톱 쳐서 따는 게 아니다. 오랜 세월 고생 하며 함께 해 왔다면 변치 말고 항심을 가지고 대해야 한다.

조강지처는 칠거지악에 해당되더라도 예외규정으로 정했다. 칠거지악은 부인을 내칠 수 있는 일곱 가지 조건을 말한다.

1. 시부모를 잘 섬기지 못하는 것
2. 아들을 낳지 못하는 것
3. 부정한 행위
4. 질투
5. 나병·간질 등의 유전병
6. 말이 많은 것
7. 남의 것을 훔치는 것

칠거지악을 현대적 관점으로 살펴보자면 남자 중심이며 여성에게는 가혹하고 부당하게 되어있다. 남녀가 평등하지 않은 것이다. 그렇더라도 최소한의 의리와 양심은 지켰으니 칠거지악에 최소한의 예외규정을 정했다.

첫째 시집와서 시부모 두 분 상을 다 치른 부인
둘째 가난한 집에 시집와서 집안을 일으킨 부인
셋째 쫓아낼 경우 친정이나 기타 갈 데가 전혀 없는 경우
이를 삼불거(三不去)라 한다.

근래에는 황혼 이혼이 증가하고 있다. 칠거지악을 범해서 남자가 부인을 내쫓는 것이 아니라 부인이 이혼을 요구하는 것이다. 세상이 변했다.


## 스캔들과 내로남불

서양의 그리스 신화에 의하면 사랑과 미의 여신인 '비너스'는 전쟁과 파괴의 신인 '아레스'와 자주 바람을 피웠다. 준수한 미남자도 많건만 왜 하필이면 전쟁과 파괴를 일삼는 야만적인 아레스와 어울렸을까. 이른바 나쁜 남자한테 끌린 것이다. 현대도 나쁜 남자는 이상하게 매력을 느끼는 경우가 많다.

비너스와 아레스의 불륜을 지켜보던 아폴론이 남편 헤파이스토스에게 일렀다. 헤파이스토스는 대장장이 신으로 그는 청동으로 눈에 보이지 않는 그물을 만들어 침대에 깔아두었다.

비너스와 건달 아레스는 침대에서 한참 뒹구는데 갑자기 거물이 둘을 감싸며 거꾸로 매달았다 그렇게 그물에 벌거벗은 채로 매달려서 모든 신들의 놀림감이 되었다.

청동으로 만들었지만 보이지 않는 이 그물을 영어로 'scandal'이라

하고 불륜이나 추문의 의미로 쓰인다. 일반적으로는 함정(덫)에 빠지다 이런 어원인데 눈에 보이지 않기에 함정인줄 모르고 그물 안에 들어가게 된다. 스캔들은 불륜의 사랑이 세상에 공개적으로 알려진 것인데 유명인은 매스컴에 오르내리며 세인들의 가십거리로 전락한다.

요즘은 '내로남불'란 말이 세태를 반영하고 있다. 내가하면 로맨스고 남이하면 불륜이며, 내가하면 어쩔 수 없는 운명이고 남이하면 추잡한 스캔들이다. 내로남불이란 말 속에는 남들이 하면 손가락질하며 욕하지만 내가 한 짓은 별로 잘못한 것이 없는데 세상 사람들이 공연히 오해를 하는 것이라는 생각이다.

다음은 결혼 전 직장 상사의 이야기다.

이 직장 형님이 바람을 피웠는데 어느 날은 애인을 옆에 태우고 운전해 가는데 저만치 앞에 부인이 서 있었다. 부인과 눈빛이 마주친 순간 느낌이 왔다. 이건 변명으로 어떻게 위기를 모면 할 상황이 아니라는 것을. '제기랄, 들켰네….'

곁에까지 운전해 오자 차를 세우고 조수석 차문을 열었다.

"내려"

그렇게 애인을 끄집어 내리고 자기가 옆에 타더니

"(집에)가!"

그리고 침묵.

"그때 내가 얼마나 졸았는지 손이 달달 떨려서 운전을 못하겠어. 운전대를 꽉 잡았는데도 저절로 손이 막 떨리더라니까."

그때 이후로 부인의 의심을 씻는데 꼬박 삼년이 걸렸다고 한다.

그러면서 하는 말 "야~ 그때 정말 후회를 많이 했어!"

부인 몰래 바람피운 게 미안해서 그것을 후회한다는 말인 줄 알았다. 그게 아니었다.

"그때 그길로 안가고 저쪽 길로 갔으면 안 들켰을 낀데, 그때 저리

가까 생각하다 그리 갔거든. 그때 왜 그리 갔나 몰라…."
"허어~, 만약 안 들켰으면 어찌 됐는데요?"
"한참 더 오래 갔겠지… 흐흐…."
"음,,"

남자든 여자든 바람피우다 들키면 재수 없게 들킨 것이 후회되는 것이지 부정이 후회되는 것이 아니다. 바람은 그 대상자가 없어서 못하든가 들키면 후환이 두렵거나 그런 이유일 뿐 윤리 도덕상 바람을 피하는 것이 아니다. 남들의 부정(不貞)은 부정(不淨)일지라도 자신은 순수한 로맨스라고 생각한다.

### 사족(蛇足) 그리기

#### 운세 사이트 유감

결혼 전 아내는 그 당시 맞선 본 사람이 하나 있었다. 공무원인데 키도 작고 외모는 볼품없고 재미도 없었다고 했다. 그러던 중 나를 만났다. 당시에는 스마트 폰이 없었기에 전화를 통한 유료 운세가 많았다. 주로 800 서비스였다. 예를 들면 800~8400 등의 번호로 전화를 걸어 전화상으로 생년월일을 누르면 유료운세를 봐주는 곳….

그곳에 내 생년월일을 넣자 그렇게 좋다고 했다. 돌이 옥으로 변하고 닭이 봉황으로 변한다나 어쩐다나 하면서… ㅎ. 더구나 둘의 궁합도 너무 훌륭했다. 반면 공무원의 그 남자는 별로 탐탁치도 않은데다가 자기와의 궁합도 별로였다. 그러니 여러모로 내가 돋보였다.

어째든 그 사주 운세에 내가 그렇게 좋다고 하니까 이 남자랑 결혼하면 팔자 필 줄 알고 그 운세 사이트 말을 믿고 결혼했다.
　결혼 1년 후. "자기는 언제 돌이 옥으로 변하는 거?"
　3년 후. "아무리 생각해도 내가 그 운세 사이트에 속은 거 같아. 그 당시 눈에 뭐가 씌었나 봐"
　5년 후. "내가 미쳤지. 내가 내 발등 찍어놓고 이제 와서 물릴 수도 없고…."
　뭐~, 댁도 공감되는 바가 있으신가요? ㅎㅎ.

# 제3부
## 종자(種子)

사랑이란 자신의 유전자를
가장 확실하게 물려줄 이성에 대한 감정이다
새로 시작하는 생명은 양쪽 부모의 장점을 모두 지녔다
새로운 생명이 탄생할 때 진화도 시작된다

# 종자(種子)

## 생명의 시원과 종말

하늘의 특정기운이 모여 혼(魂)이 되고
땅의 특정기운이 모여 백(魄)이 된다
혼의 우리말은 얼이며 3혼으로 나누고
백의 우리말은 넋이며 7백으로 나눈다
혼과 백은 머리에서 생성되고
장기에서 저장된다
혼의 모체는 태양으로 부터 왔고
백의 모체는 달에서 부터 시작되었다
혼은 양성이라 남성의 몸과 소통하고
백은 음성이라 여성의 몸과 소통한다
혼의 핵산은 정자로 화해서 마음을 이루고
백의 핵산은 난자로 화해서 육신을 만든다
혼이 불완전하면 마음의 손상됨이 있고
백이 불완전하면 장애나 불구자가 된다
혼을 지닌 정(精)과 백을 지닌 난(卵)이
합쳐져 태극을 이루니 기를 돌게 한다
기는 다시 양기는 신(神)이 되고

음기는 귀(鬼)가 된다
혼의 교감이 먼저 있은 후
혼백이 합쳐져 생명을 만든다
혼과 백의 결혼(結婚)은 결혼(結魂)을 이루고
완전체의 영혼을 만든다
혼백을 담은 정과 난의 수정으로 생명이 되고
다시 각기 흩어지면 생명이 끝난다
혼은 하늘로 날라가 흩어지고
백은 땅으로 스며들어 자연으로 돌아간다
이는 물 한 방울이 합쳐져 생명이 되었다가
물이 증발해버리니 인생이 끝남이라
생명이란 결국 물 한 방울 그것이 전부다.


## 남의 것을 훔쳐라

뻐꾸기는 산란기가 되면 붉은머리오목눈이 둥지 근처를 기웃거린다.

붉은머리오목눈이가 둥지를 비우면 재빨리 붉은머리오목눈이 둥지에 알을 낳고 대신 붉은머리오목눈이 알 한 개를 물고 날아간다. 붉은머리오목눈이는 뻐꾸기 알이 자기 알보다 훨씬 크지만 색깔만 같으면 다 같이 알을 품는다. 만약 색깔이 달라 탁란에 실패할 경우 다른 색 알만 골라서 버리는 게 아니라 둥지 전체를 버린다. 그러니 자기 알까지 모두 희생시킨다.

뻐꾸기 새끼는 붉은머리오목눈이 보다 1, 2일 먼저 알에서 나와서 둥지 안에 있는 다른 알과 새끼를 밖으로 밀어낸다. 덩치가 훨씬 커니 새끼 뻐꾸기를 당해낼 수 없다. 그 결과 혼자서 먹이를 독차지한다.

결국 붉은머리오목눈이는 자기 새끼는 다 잃고 뻐꾸기 새끼만 키우게 된다. 참으로 끔찍한 노릇이다.

붉은머리오목눈이는 이렇게 일방적으로 당하기만 하는데 이는 마치 과거 여성들의 일방적인 성폭력의 희생자의 모습과 비교된다. 그럼 뻐꾸기는 왜 이런 몰염치한 짓을 할까, 자신이 새끼를 못 키우는 특별한 이유라도 있는 걸까?

특별히 그런 건 없다. 자기가 새끼를 직접 키우는 것 보다 한 알씩 남의 둥지에 탁란을 하는 것이 생존율이 더 높고 자기가 힘들게 키우지 않아서 좋고 그런 이유다. 즉 단지 자기 새끼 잘 키우려고 남의 집에 양자 보내놓고 그 집 자식들 다 죽이고 그 집 재산 독차지 하고서 자신만 살아남는 것이다.

붉은머리오목눈이는 흔히 뱁새라고 부르는 보잘것없는 작은 새로 자식사랑은 지극한데 미련하다. 뻐꾸기 새끼가 자신보다도 훨씬 크지만 자신의 새끼라고 여기고 끔찍이 위한다.

짐승들만 이르랴!

사람도 양반의 씨는 키우기 쉬웠고 쌍놈의 씨앗은 키우기도 어렵고 어른이 되어서도 고생만 한다. 이에 상놈도 씨도둑을 통하여 출세를 하기도 했다. 남의 집에 양자를 가는데 어릴 때 입양이 아니고 결혼해서 가족 전체가 자식까지 데리고 둥우리 양자로 들어가는 경우도 있었다. 뻐꾸기와 사람이 양자로 가는 것은 다른 이유기는 하지만 뻐꾸기 탁란과 사람의 양자는 결국 닮았다.

인간의 지능이 아무리 발전해도 결국 생명의 본능적 행동 발달의 범주에서 벗어나질 못한다. 인간도 결국 다른 동물들처럼 구애를 통해 사랑하고 결혼하고 애기 낳고 그리고 다른 이성과 불륜을 저지르고 이혼하고 재혼하는 그런 과정을 반복한다.

여성은 출산기간이 한정되어 있기에 우수한 종자를 얻기 위한 '효율성'을 다투고, 남자는 많은 수의 자손이 살아남기를 바라면 '생존율'을 다툰다. 한정된 시간에 효율성은 질투심으로 나타나고, 절대적인 생존율은 생사를 다툰다.


## 어머니의 아들딸 구별법

우리 집은 대가족이다. 형수님이나 누나들도 많은데 누군가 임신했다 하면 어머니는 날짜를 짚어보고 낳기도 전에 미리 다 아셨고(요즘은 초음파 검사로 알 수 있다) 날짜가 조금 불분명 할 때는 임신한 배를 보고 아들인지 딸인지 아셨는데 태몽이야기를 듣고 알기도 하셨지만 태몽뿐만 아니라 나름대로 비법이 있었는데 어머니가 알려주신 아들딸 구별법은 이러하였다.

### 태몽

아들 : 보통 동물이나 큰 물체, 예를 들면 바닷물 등도 태몽이 될 수 있는데 아들일 경우가 많다.

딸 : 과일이나 꽃 혹은 기타 집기류나 가재도구 등의 물건은 딸이 많다. 딸이라도 큰 물체는 체격이 큰 경우가 많다.

### 임신한 배를 보고 아는 법

아들 : 아들은 엄마를 안고 있기 때문에 엄마 배에 아기의 등이 보이므로 배 전체가 완만하게 불룩한 경우

딸 : 딸은 엄마를 등지고 있기 때문에 아기의 앞면이 배에 보이는데 엄마의 배가 아들과 달리 뾰족하게 부른 모습으로 보인다.

### 가문을 보고 아는 법

아들 : 아버지 집안의 가계가 손이 흔하며 아들이 많으면 자식 두기가 쉽다.

딸 : 어머니 집안의 가계가 손이 귀하면 자식 두기 어렵다.
각기 아들은 아버지 집안의 영향을 많이 받으며 어머니 집안의 딸이 많으면 딸을 두기 쉽다.

### 음양으로 아는 법

각기 부모의 나이에 생년월일시 중 양이 많으면 아들 두기가 쉽고 음이 많으면 딸일 경우가 많다. 생년월일시의 양이란 쥐(子) ,범(寅), 용(辰), 말(午), 원숭이(申), 개(戌)띠 해 및 이에 해당하는 월일시를 말하며, 음이란 소(丑), 토끼(卯), 뱀(巳), 양(未), 닭(酉), 돼지(亥)띠해 및 월일시를 말한다.

### 나이 숫자로 아는 법

임신당시의 부모 나이가 홀수일 경우 아들일 확률이 많다. 예를 들면 29세 31세 33세 등. 이는 남녀 공히 같으며 임신한 년월일시가 모두 양일 경우 아들일 경우가 많다. 예를 들면 호랑이 해 원숭이 달(음

력 7월) 말날 등. 시간도 양일 경우가 좋은데 양 중에서도 특히 목을 최고의 양기로 보기 때문에 인(寅)시를 최고로 생각한다. 시간은 새벽 3시경부터 5시 사이다. 또한 이때는 남자들의 경우 새벽의 생리적인 자연 발기가 많이 일어나는 시간이다.

이는 옛 어른의 비법이다. 과학적으로 검증되지 않았고 물리적 이치도 증명하기가 어렵다. 그저 옛 어른의 지혜라고 보면 되겠다.

자녀의 성별을 결정하는데 있어서 근래에는 이것을 정자의 영향이라고 발표했다. 그러니 자식의 성별은 여자가 아니라 남자의 책임이라는 말이다. 근래에는 성별의 결정에 대한 다양한 주장이 제기되었다.

여성의 몸이 알칼리성은 여자, 산성은 남자다. 이는 정자 난자의 활동성에 차이에 기인한다.

몸이 차면 딸 따뜻하면 아들이다. 이는 동양적 시각의 음양관 이다.

아들 많은 집안은 아들이 쉽고 딸 많은 집안은 딸을 두기 쉽다. 이는 기의 흐름을 본 것이다

생명의 탄생은 신의 영역이라고 하지만 현대는 아들 선호 사상에 따라 아들이 절대적으로 많다. 근래 딸을 선호한다는 흐름이 있기는 하되 그게 대세라고 보기는 힘들다.

과학적 실험 결과에 의하면 자녀의 IQ는 어머니를 따른다. 뼈대만 아버지를 따르고 그 내용물과 구성은 어머니의 영향이라는 것이다.

남자들이여,

자식이 똑똑하기를 바란다면 먼저 똑똑한 부인을 얻어라!


### 생명 시작의 체용

생명의 시작은 식물에서 동물로 갈수록 그리고 진화할수록 생명의 시작도 이에 맞게 점차 발전한다. 처음 식물에서 동물, 동물에서 음

양으로 나누어져 암수가 있듯이 생명의 발전은 고등동물이 될수록 진화한다.

식물은 곡식이 땅에 뿌려지는 순간 생명이 시작된다. 음과 양이 만나는 시점이 곡식이 땅에 뿌려지는 순간이다. 거기서 부터 습기와 온기가 생명을 발화시키는 원인자를 제공한다. 동물도 그렇게 시작하지만 좀 더 복잡한 과정을 거친다.

생명의 시작은 음양이 만나는 시점으로 정자와 난자가 만나는 순간이 생명이 시작되는 시점이다.

고등동물로 진화할수록 자신의 의지가 점차 반영된다. 장소를 가리게 되고 암수를 가리게 되고 기왕이면 젊고 싱싱한 세포를 골라서 좋은 유전자를 잘 선택할 수 있게 된다. 이렇게 구성된 음양은 생명의 시작이지만 식물과 달리 출생시간을 중요하게 보는 시각이 있다.

출생시의 기준으로 운명을 추정해 보는 것이 사주다. 사주도 입태의 시점을 헤아려 운명을 예측하는 방식이 나타났는데 이른바 '명궁이론'이다. 하지만 이것은 사주의 여러 구성 파트 중 하나이며 크게 중요한 메인 테마도 아니다. 보통 그건 참고 안해도 운명을 공부하는 데 큰 지장이 없다.

생명의 시작인 음과 양인 정자와 난자가 만나는 시각과 출생의 시간으로 운명을 헤아려보는 것 중 어느 것이 가치 있으며 실제 운명에 미치는 영향이 어느 쪽이 큰가?

일반적으로 동물은 출생 시간을 중요하게 생각하고 입태 시간은 등한시 한다. 실제 그것이 맞기 때문이다. 하지만 분명 음과 양이 만나는 시점이 생명의 시작인데 이 문제를 어찌 봐야 할까.

음양이 만나는 시점은 체요 출생의 시점은 용이다. 음양이 만나는 시점은 선천이며 출생은 후천이다.

보통 선천보다 후천을 실용적으로 선호하며 체보다는 용을 중시한다. 원류가 무엇이든 실제 살아가는 모습이 중요하기 때문이다. 이렇게 음양으로 나누어 생명이 시작되면 이제 자라는 과정에서 다시 다양한 패턴이 발생하게 된다.


### 생명의 생존전략

　남자와 여자는 배우자의 외도에 대해 대처하는 방식이 다르다. 남자는 배우자가 바람을 피우면 배우자를 단속하려고 한다. 하지만 여성은 자기 배우자를 탓하기보다 왜 남의 남편을 꼬드겼냐며 상대여자를 비난한다.
　음양의 속성에 따른 이런 차이는 여성의 질투심으로 나타나는데 이성에게 자신만 잘 보이고 싶은 것이다.
　남자는 단순하디 단순하다. 그냥 본능의 욕구만 강해서 단지 섹스를 원하지만 여자는 모든 게 복잡하여 남자의 단순한 요구를 절대로 그냥 들어주고 싶지 않다.
　여성이 이성을 대하는 순서를 알아보자

1. 끈. 줄. 후원자
2. 애인. 소중한 사람
3. 섹스상대

　여성은 이성에게 어필하는 노력 외에 자식을 잘 키우려는 행동도 복합적으로 작용한다. 그 결과 남자의 유일한 목적이 여성은 3번째 순위에 겨우 자리한다.
　모든 동물은 새끼가 자라는 동안 잘 성장할 수 있도록 보조하는데 맞추어져 있다.
　먹이사슬의 순위가 낮을수록 많은 숫자의 새끼를 놓거나 한꺼번에

다산을 하게 된다. 또한 완전체 형태의 새끼를 놓는다. 그래서 놓자마자 바로 일어서서 걸을 수 있다. 그래도 자라는 중에 죽는 경우가 많아서 대다수는 희생되고 극소수만 살아남는다.

반면 먹이사슬의 꼭대기로 올라갈수록 미숙한 새끼를 낳아서 오랜 기간에 걸쳐서 완전한 형태로 자라게 된다. 자라면서 희생당하는 경우가 드물다.

보통 암수가 같이 새끼를 키우는 경우는 암수의 몸집이 비슷한 반면 새끼는 암컷만 키우고 수컷은 씨만 뿌리는 이런 형태가 될수록 암수의 체격 차이가 현저하게 나타난다. 보통 새끼를 키우는 쪽이 몸집이 작다.

암컷은 새끼만 키우면 되니까 굳이 몸집을 키울 필요가 없다. 하지만 새끼를 키우지 않는 수컷은 생존경쟁이 치열해져서 몸집이 커지게 된다. 몸이 커야만 생존경쟁에서 유리하기 때문이다.

인간은 자식을 양육하는 방식에 있어서 정점에 서 있다. 진화에 진화를 거듭하며 자식을 키우는 최적의 조건을 맞춘 것이다. 근래 들어서 동서양 할 것 없이 전 세계적으로 이혼부부가 급격히 증가하고 있다. 이런 이혼의 배경에는 여성의 사회진출과 이에 따른 경제권 확립이 중요한 하나의 원인을 제공하고 있다. 단순히 문화적 변화로 인한 사회현상이 아니란 것이다.

현대사회에서 이혼율의 증가는 미개시대의 동물들의 행위와 같이 되돌아가는 듯한 느낌이다. 수컷은 이동하며 번식만 하고 자식은 전적으로 어머니의 몫으로 남는 것처럼 이혼의 경우 자녀 양육은 보통 여성이 맡는다. 자신의 새끼를 키우는데 굳이 수놈(남자)에게 의지해야 할 필요가 없기 때문이다.

문명의 발달이 가족제도를 원시시대로 되돌려 놓고 있는 듯하다. 문명이 발달하고 세상이 아무리 변해도 자식을 낳고 키우는 생명 본연의 활동은 일정한 틀을 벗어나지 못한다.

## 성호집에서

암탉이 둥지에서 알을 품고 있는데 한쪽 눈이 멀었다. 오른쪽은 눈동자가 완전히 멀었고, 왼쪽 눈은 겨우 눈을 뜨고 있는 정도였다. 이에 낟알이 그릇에 가득 차 있지 않으면 쪼아 먹지 못하였고, 나다니다가 담장에 부딪히면 이리저리 오가면서 겨우 피해 갔다. 그러자 모두들 이 닭은 병아리를 기를 수 없을 것이라고 하였다.

날짜가 차서 병아리가 깨어 나왔기에, 그 병아리를 빼앗아 다른 닭에게 주려고 하였다. 그러나 가엾어서 차마 그렇게 하지 못하였다. 얼마 지나서 살펴보니, 그 닭은 특별히 달리 하는 일이 없었으며, 항상 섬돌과 뜰 사이에서 떠나지 않고 있었다. 그런데도 병아리는 어느새 쑥쑥 자라나 있었다.

다른 닭들을 보니 대부분 병아리가 죽거나 잃어버려서 혹 반도 채 남아있지 않기도 하였다. 그런데도 이 애꾸눈 닭만은 온전하게 둥지를 건사하였다. 이것은 어째서인가?

무릇 세상에서 병아리를 잘 기른다고 하는 것에는 두 가지가 있다. 바로 먹이를 잘 구해 주고 환란을 잘 막아주는 것이다. 먹이를 잘 구해 주려면 건강해야 하고, 환란을 잘 막아주려면 사나워야 한다.

병아리가 부화한 뒤에는 어미 닭은 흙을 파헤쳐 벌레를 잡느라 부리와 발톱이 닳아서 뭉툭해지며, 정신없이 사방으로 나다니느라 편안하게 쉴 새가 없다. 그리고 위로는 까마귀와 솔개를 살피고 옆으로는 고양이와 개를 감시하면서, 부리로 쪼아대고 날개를 퍼덕이면서 죽을힘을 다해 싸운다. 그 모습을 보면 참으로 병아리를 잘 키우는 방도를 분명하게 터득하고 있는 것 같다. 그러나 숲 덤불을 분주하게 다니면서 때가 되면 불러들이는데, 병아리들은 삐악삐악하며 졸졸 따라다니느라 힘은 다 빠지고 몸은 병들어 간다.

그러다가 혹 잘못하여 병아리를 물이나 불 속에 빠뜨리기도 한다. 이런 재앙이 갑자기 닥치면, 먹이를 잘 구하는 재주도 아무 소용이 없다. 그리고 조심스레 보호하면서 방어하여 싸우기를 타오르는 불길과 같이 사납게 한다. 그러나 환란이 한번 휩쓸고 지나간 뒤에 보면 병아리들이 열에 예닐곱은 죽어있다. 또 멀리 나가 돌아다닐 경우에는 사람이 보호해 줄 수가 없어서, 사나운 맹수들의 밥이 되고 만다. 그럴 경우 환란을 잘 막는 재주 역시 아무 소용이 없다.

저 애꾸눈 닭은 일체를 모두 이와는 반대로 하였다. 나다닐 때에는 멀리 갈 수가 없으므로 항상 사람 가까이에 있으면서 사람에게 의지한다. 또 눈이 애꾸라서 제대로 살필 수가 없으므로, 항상 두려움을 품고 있다. 이에 그저 느릿느릿 움직이면서 병아리들을 자주 감싸주기만 할 뿐, 특별히 애를 쓰지 않는다. 그런데도 병아리들은 제 스스로 먹이를 쪼아 먹으면서 제 스스로 잘 자랐다.

무릇 어린 새끼를 기를 때에는 작은 생선 삶듯이 조심스럽게 해야 하며, 절대로 들쑤셔서는 안 된다. 저 애꾸눈 닭은 이러한 지혜가 없는 데도 기르는 방법을 제대로 잘 써서 결국 병아리들을 온전하게 길러냈다. 병아리들을 잘 기른 까닭은 여기에 있는 것이지, 다른 데 있는 것이 아니다.

나는 여기에서 비로소 사물을 잘 기르는 방도가 비단 먹이를 먹여주는 데에 있는 것이 아니라, 바로 적당히 보살피면서 각각의 사물들로 하여금 살아가는 방법을 터득할 수 있게 해 주는 데에 있다는 것을 알았다. 그리고 또 그렇게 하는 요체는 잘 거느리면서 잊어버리지 않는 데에 있다는 것을 알았다.

내가 애꾸눈 닭이 병아리를 기르는 것으로 인해서 자식을 잘 기르는 방도를 터득한 것이다.

—이익(李瀷, 1543~1620), 『성호집(星湖集)』의 〈애꾸눈 닭의 이야기[瞎雞傳]〉

한자 원문은 생략했다.

자식의 양육에 있어서 생각을 많이 하게 하는 글이다. 생명에 대한 자연의 이치를 응축하고 있어서 깊이를 측량하기가 어렵다.

## 유장상법에 나타난 자식론

유장상법에 기르기 좋은 아이 7가지가 있다. 세 살 버릇 여든까지 간다는 말이 있는데 어릴 때의 싹이 얼마나 중요한지 역설하고 있다. 기르기 좋은 아이 7가지는 훌륭한 유아의 조건이라고 했지만 이는 꼭 아이에만 해당하는 것이 아니라 좋은 상의 조건도 된다.

학생 때는 천재로 평가받다가 어른이 되어서는 별 볼일 없이 한평생을 마감하는 경우가 있고 아인슈타인은 학생 때 수학 외에는 잘하는 게 아무것도 없었다. 하지만 근세기 최고의 물리학자가 되었다. 보통 모범생이 훌륭히 되지만 가끔 특이한 문제아가 훌륭히 되는 경우도 있다. 괴팍한 말썽쟁이도 눈빛이 맑아서 신이 우수한 경우지만 타고난 신성(神性) 외에 여타 상은 나빠서 전체가 뛰어나지 못하고 특수한 시기에만 빛을 발하는 경우가 있다. 일반적 모범생과 특정한 천재의 차이는 어디서 비롯될까?

관상이론 중에 오관 중 어느 한 가지가 좋으면 10년간 빛을 발하고 반대로 다 좋은데 어느 한 가지가 나쁘면 그것이 평생의 장애가 되기도 한다.

타고난 재능을 열심히 준비하고 노력하면 언젠가 빛을 발할 때가 있다. 물론 열심히 했는데도 평생 빛을 못보고 꿈만 꾸다가 끝나는 경우도 있다. 아니 오히려 그런 경우가 태반이다. 그렇더라도 열심히 노력할 때 뭔가 성취하는 것이지 재능이 있어도 노력하지 않는다면 무슨 성취가 있겠는가. 좋은 관상은 그저 타고난 재능을 살피는 것일 뿐이다.

아래 유장상법의 본문을 살펴보자.

### 기르기 좋은 아이 7가지

1. 남아의 두발과 눈썹이 단정하면 기르기 쉽고 유복하고 이익이 많다.
2. 두피가 곱고 부드러우면 기르기 쉽고 크게 귀하다.
3. 콧구멍으로 숨을 쉬며 입을 다물고 자면 기르기 쉽다.
4. 코가 높고 입술이 붉고 두터우면 기르기 쉽다.
5. 눈빛이 새까맣고 초롱초롱하게 빛나는 것이 마치 흑진주 같으면 신이 유여하니 기르기 쉽다
6. 크게 울고 울림이 있으면 기르기 쉽다
7. 음낭이 검고 주름이 크면 기르기 쉽다.

### 三世定八十 : 삼세에 팔십을 정한다

　이 말은 삼세에 이미 젖을 끊으니 오관 육부 삼정 골격 성정을 보면 현명과 어리석음이 저절로 드러난다.
　소아가 뼈가 단단하고 정신이 건강하고 신이 족하면 일생 병이 적고 잘 때 입을 다물고 말할 때 이가 드러나지 않으면 유복하고 장수하는 상이다
　속설에 삼세에 팔십이 정해진다는 것은 원래 상서에 이 말이 있다.
　삼세 아이는 땀이 향기 나야 좋고 음성이 맑고 울림이 있어야 좋고 눈썹은 검어야 좋고 머리털은 가늘고 검어야 좋고 누렇고 가늘면 좋지 않다.
　귀가 낮으며 백가지 중에 한 가지도 이룸이 없고 발제가 각이 생겨 고르지 못하면 어리석고 천하다.
　뼈가 천정에 솟으면 현명하고 귀하다.
　대체로 아이를 보는 법은 신과 혈 기골로 오행의 이치로 삼고 신이 맑아야 하고, 혈색은 밝아야 하고, 기는 온화해야 하고, 골은 단단해야 하며, 소아의 뼈는 단단해야 하고, 어른은 유연해야 한다.
　피부는 토에 속하는 고로 피부는 토다. 피부는 신하가 되고, 뼈는 임금이 되고, 임금과 신하는 걸맞고, 피부와 뼈는 균등해야 한다.
　피부가 얇고 뼈가 높이 솟으면 소시에 죽고, 피부가 두텁고 뼈가 적으면 소시에 죽는다.
　이 다섯 가지 중에 한 가지라도 범하면 가난하지 않으면 요절한다.

ー『유장상법 영유아통론』 중에서


### 칭찬을 많이 하자

　집안에서 막내인데 형제들과 나이차가 많다. 내가 어릴 적에 형님 중 한분은 직장을 따라 외국에 계셨다. 그 당시 중동 붐은 국가발전의 한 축이었다.
　어느 날 외국에 간 형님에게 편지를 썼는데 아마 집안얘기 혹은 내 생활을 얘기한 것 같다. 어린나이에 편지내용이라야 뻔하지 않겠

는가. 답장이 왔는데 도대체 무슨 얘기를 하는 것인지 모르겠다며 편지를 쓸 때는 상대가 알아들을 수 있게 뭐에 대해서 어떻게 글을 써야 하는지 그런 글을 쓰는 법이 쭉 적혀 있었다. 당연한 가르침이었지만 나에게 글재주가 없다는 것을 확인시켜준 것이었다. 물론 학교 다닐 때 교내 백일장 같은 것에 상을 받거나 그런 적도 없고 글과 내 생활은 전혀 상관이 없었다.

제목의 남숭산은 고향인 경북 금오산의 옛 이름이다

졸업후 취직을 했는데 1인 출판의 시대가 되면서 자비 출판의 책을 하나 만들게 되었는데 당시 신문사에 근무하면서 책상위에 책을 한 권 두었고 마침 편집장이 그 책을 읽어보고서 한마디 했다.

"이런 짧은 글 말고 소설을 함 써봐"

"그건 진짜 머리가 좋아야 하지 그런건 못해요"

"아냐, 글체에 너만의 색깔이 있어"

나의 글 재능을 칭찬하는 말이었다.

내 기억엔 글을 쓸 때는 이렇게 하라고 타이르던 형님의 말씀이 늘 머릿속에 담겨 있었는데 전문가로부터의 칭찬이었기에 나를 새롭게 발견하는 순간이었다. 그분의 주선으로 그 후 1년간 신문연재를 기고했었다.

뭐든 시간과 정성은 비례하기 마련이다. 글을 쓰는데 수십 번을 고쳐 쓰고, 다시 쓰고, 또다시 읽어보고 퇴고를 거치고 그런 과정을 거쳐도 역시 허점투성이다. 나만 그런 게 아니라 일류 작가들도 역시 그런 퇴고의 과정을 거친다. 어떤 일의 완성은 그런 재능과 노력의 합작이다.

어릴 때 형님의 지적은 극복할 수 있을 만큼의 조그만 열등감이었다. 못한다는 것을 잘하고 싶으니 부단히 노력하게 된다. 어느 유명 액션 배우는 어릴 때 몸이 약해서 늘 왕따를 당했고 그걸 극복하기 위해서 무수한 노력으로 세계적 배우가 되었다. 때로는 남보다 못하다는 열등감은 삶의 큰 기폭제가 되기도 한다.

흔히 우리들은 단점을 지적하기가 쉽다. 무심코 던지는 한마디에 상대는 위축된다. 상황에 따라 극복하지 못할 큰 열등감이 되기도 한다.

누구나 단점은 많고 장점은 찾기가 어렵다. 사실 아주 사소한 단점 외에는 모든 게 장점이건만 그 장점을 장점으로 보지 않고 당연한 것으로 여긴다. 누구든 잘하는 것이 왜 없겠는가. 당연해 보이는 그 모든 것이 잘하는 것이다!

나쁜 것은 살짝. 그리고 칭찬은 많~이.


## 부모와 자식의 충돌

자식은 부모의 유전인자 중에 양쪽에서 장점을 취합하게 된다. 각기 다른 형질 중 그 합성은 장점으로 귀착 되는 경우가 많다. 가끔 특별한 경우 부모가 다 멀쩡해도 자식은 그보다 못한 경우도 있기는 하나 일반적으로 부모보다 자식은 장점을 많이 지니게 된다.

가끔씩 부모의 한쪽 성향만 따르거나 둘의 장점이 이상한 쪽으로 흘러서 부모의 어느 한쪽과 안 맞는 경우가 생긴다. 엄마와 딸의 사이가 안 좋은 경우가 있고 엄마와 아들의 사이가 안 좋은 경우도 가끔 나온다.

물론 아빠와 아들 사이가 안 좋은 경우도 흔하지만 남자들은 보통 집에 없는 경우가 많아서 여성들처럼 겉으로 노출될 기회가 적어서 그런지 문제가 표면화되는 경우는 많지 않다.

보통 어느 형이든 부모와 자식이 안 맞는 경우 크게 두 가지 이유다.

첫째 둘의 궁합적으로 안 맞는 경우다. 궁합은 부부사이에만 존재하는 것이 아니라 모든 인관관계에 공통으로 적용된다. 자식이라도 기운의 차이가 있는 경우다.

둘째 부모자식의 문제는 부모 보다 자식의 성정이 강해서 문제가 되는 경우가 많다. 궁합이 안 맞는 경우는 타고난 자질이기에 노력으로 바꿀 수 있는 차이가 미미하다.

문제는 두 번째의 경우다. 이 경우는 주로 자식의 잘못이 더 크다고 봐야 한다. 이유는 부모와 자식의 다툼은 기본적으로 자식이 부모를 공경하는 맘이 부족하기 때문이다. 머리로 말하면 자식이 더 똑똑하다. 그러니 논리적 언변은 자식이 앞선다. 체력도 외모도 기타 거의 모든 게 앞서고 부모는 삶의 경륜이나 인내심 정도가 좀 더 낳을 뿐이다. 그렇더라도 부모를 공경하는 맘을 갖고 부모를 인정해야 하는데 그런 맘이 부족하다. 자기주장만 강하여 부모에게 안 지려고 한다.

부모를 공경하지 못하면 나중에 남편과 이혼도 쉽다. 최대한 늦게 시집보내는 것이 좋다. 부모를 공경하는 마음도 부족한데 동급의 남편을 존중하는 맘이 되겠는가! 다만 강한 성정은 기복이 심하지만 어려움이 닥칠 때 이겨내는 힘도 강하다.

'나한테 이런 면이 있구나' 하고 알고 있어야 된다. '내가 좀 강한 면이 있구나!' 그걸 인정해야 된다.

자신에게 문제가 있다는 걸 먼저 인지해야 된다. 그래야 수양을 하던 노력을 하던 뭔가 고치려고 생각할거 아닌가.

**어미와 새끼**

　시골에서 자랐기에 경운기를 운전하기도 했지만 소를 몰고 밭고랑을 일구는 것이 더 재미있었다. 소를 몰고 밭을 갈아보면 소가 참 똑똑하다는 걸 느낀다. 주인이 좀 어리바리하고 명석하지 못하면 주인을 무시하고 지멋대로 행동하려고 하고 주인이 깐깐하면 주인의 눈치를 살핀다.

모든 동물의 어린 새끼는 다 예쁘지만 그중에 송아지가 가장 예쁘다. 한번이라도 큰 눈망울의 어린 송아지를 본적이 있다면 그 순진무구한 귀여움을 잊지 못한다.

　시골의 논밭은 평야처럼 반듯한 게 아니라 경사를 따라서 논둑 밭둑이 굽어있게 마련이다. 그러면 밭고랑도 밭둑에 맞춰서 곡선으로 만들게 된다. 소가 앞서서 밭고랑을 따라가지만 얘들은 밭고랑을 어떻게 탈지 기가 막히게 알아챈다. 밭고랑은 굽었고 끝 지점은 삐죽하고 그런 밭을 알아서 앞서가며 안내한다. 골 사이가 벌어지거나 겹쳐지거나 그럴 때면 소고삐만 탁 쳐도 자신이 잘못 가고 있다는 걸 알고서 길을 수정한다. 물론 소가 다 잘하는 것은 아니다. 어떤 때는 밭둑에 난 풀을 뜯어먹으려고 넘실거리고 얘네들도 컨디션이 나쁠

때는 일하는데 꾀를 부리고 자꾸 한눈을 판다. 그럴 땐 풀을 못 뜯게 입에 부리망을 씌운다. 일종의 마스크인데 짚으로 엮어서 만든다.

밭을 가는 중 새끼가 있으면 자꾸 새끼에게 신경을 쓰게 된다. 밭고랑을 왔다 갔다 하는 동안 새끼는 어미를 따라다니는데 딴 짓을 하다가도 어미와 좀 멀리 떨어졌다 싶으면 폴짝거리며 어미를 따라온다. 새끼가 어미를 따라다니는 것은 아직 새끼가 어리니 어미의 보살핌이 필요하기 때문이기도 하지만 또 한 가지 중요한 이유가 있다.

새끼가 따라다니면 일을 하는데 방해가 되지만 왔다 갔다 하면서 일을 하는 어미 소를 보면서 그 송아지도 어미 소를 따라서 일하는 소가 되는 첫 과정을 배우는 행위다. 그 후에 조금 더 크면 망아지 때 코뚜레를 한다.

코뚜레는 본격적인 교육의 시작점이다. 학교에 가기위해 책가방을 사듯이 산에서 좋은 코뚜레 나무를 고른다. 코를 뚫은 것은 일종의 성인식이며 새로운 일꾼이 출현하는 것이다.

교육의 가장 기본은 보고 듣는 것이다. 좋은 부모의 조건은 지극히 단순하다.

자식들에게 좋은 모습을 보이는 것 그게 가장 기본이다. 물론 사이 좋은 부부의 모습도 포함된다.

### 사족(蛇足) 그리기

## 결혼의 미학

그대가 아직 미혼이라면?

그대에겐 무한한 가능성이 있다. 세상의 절반이 여자다. 눈만 좀 낮추어서 노소(老小)와 미추(美醜)(늙었고 어리고 예쁘고 추하고)를 가리지 않고 치마만 두르고 있으면, 오직 그것만 조건이라고 생각하면 눈에 차이는 게 여자다. 하지만 누군가를 선택한다면 그 사람이 아무리 훌륭하더라도 최악의 상대를 골랐으므로 그대 앞에 지옥문이 활짝 열렸으니 행복 끝 불행시작이다.

여자 또한 마찬가지다. 결혼을 안 해도, 자식이 없어도 대통령까지 할 수 있다. 이런 천국이 따로 없다! 하지만 결혼한 여자는 영부인은 있어도 대통령이 된 선례가 없다.

이상의 사례를 살펴볼 때 결혼이라는 악의 수렁으로 빠지지 않아야 할 이유는 너무 많지만 결혼해서 잘 되었다는 선례는 전무하다.

하지만 딱 한번만 결혼해 보기를 권한다. 말로는 설명 못할 그만한 가치가 있다!

결혼기념일 아침에.

# 제4부
## 관물(觀物)

모든 사물은 에너지 따라 기운이 생성된다
생긴 형상으로 사물의 기운을 읽는다
눈에 보이지 않는 것들도
심지어 단순한 색도 나름의 에너지 파장을 지니고 있다

# 관물(觀物)

## 소갈머리 없는 남자, 주변머리 부족한 여자

'소갈'은 내부의 의미인 '속과 알'에서 나온 말로 마음이나 심지(心志)를 뜻한다.

'주변'은 일을 주선하고 변통하는 재주를 가리키는 말이다.

'머리'는 일종의 접미사로서 채신머리, 인정머리 등에 쓰이면서 앞 단어의 뜻을 강조하는 역할이다. 그러니까 '소갈머리가 없다'는 뜻은 염치가 없거나 생각과 사려가 부족하다는 뜻으로, '주변머리가 없다'는 뜻은 변통하는 재주나 융통성이 없어 일을 답답하게 처리할 때 쓰는 말이다. 그러니 머리 모양과는 전혀 상관이 없는 말이지만 머리가 벗겨진 모양을 빗대어 표현하기도 한다.

속알머리가 없는 놈은 머리가 앞이마부터 중앙부가 빠지고 없는 경우고, 주변머리가 없는 놈은 머리카락이 중앙부만 있고 귀 옆이라든가 변두리 쪽에 머리카락이 없는 경우다.

머리 모양에 따른 이런 비유는 그 기원이 오래 되었는데 민족적 특성에서 비롯된다.

여진족은 주변머리가 없다. 청 태조 누르하치가 세운 청나라는 주변머리가 없는 것이 양반이며 그들의 문화다. 반면 중국 황비홍 같은 영화를 보면 머리 가운데를 밀어서 소갈머리가 없다. 일본의 전통 사무라이도 소갈머리가 없다. 그게 그들의 문화다. 그러니까 주변머리 없는 놈과 소갈머리가 없는 놈의 대립은 민족간에 기원과 역사가 오래되었다. 서로 상대가 오랑캐 쌍놈이라고 욕한다.

그 기원의 유래를 찾아가자면 구구한 설명이 길게 이어질 테니 생략하지만 그저 민족적 특성과 문화가 자기들 기준으로 양반의 스타일이 그렇다 정도로 이해하면 되고 이 대립에서 비롯된 상대를 얕잡아 보는 말.

'소갈머리(속알머리) 없는 놈!'

'주변머리 없는 놈!'

이렇게 서로 상대를 얕잡아 보고 비하한다. 뜻은 글자그대로 줏대가 없는놈, 체신머리가 없는 놈 이런 의미다.

그럼 우린 뭐냐? 둘 다 싸잡아 비난한다.

주변머리 없는 놈이나 소갈머리 없는 놈이나 그놈이 그놈이다. ㅎㅎ.

주변머리나 소갈머리가 없는 것은 유전적 요소가 강하다. 모두 남성호르몬의 영향인데 둘 다 과유불급이다. 그러니 머리 모양 갖고 상대를 얕잡아 보는 것은 그놈이 그놈이란 말이다. 그러므로 소갈머리 없는 남자와 주변머리 부족한 여자는 천생연분이다(근본 원인이 같다).


### 여자는 다혈질(多血質)

흔히 성격이 욱하는 급한 기질이거나 성격이 괴팍한 면이 있는 사람을 다혈질이라고 말한다. 사실 이 말은 잘못되었다. 다혈질은 나쁜 게 아니다.

다혈질은 사액체설 중에 피가 많은 형질을 뜻한다. 이는 여성의 특성으로 동양에서는 여성을 다혈질로 본다. 상대적으로 남자는 기가 강하다고 보고 여성은 혈이 강하다고 보는 것으로 남자보다 상대적으로 피가 많다는 의미다.

여성은 피가 많아서 출혈이 쉽다. 따라서 생리시는 다량의 출혈을 동반한다. 피가 많아서 복원력이 아주 탁월하여 출산 시 죽을 만큼 기진맥진해도 빠른 시일 내에 회복된다. 여성 중에서도 통통한 사람이 체면적 만큼 피가 많다.

고대 동양의 미인은 양귀비가 표준이었다. 즉 통통한 몸매다. 반면 현대는 날씬한 몸매가 표준이다. 동양적 시각으로 음양의 속성을 생각해 볼 때 여성은 양귀비처럼 통통한 것이 표준이다. 보통 통통한 사람은 몸이 따듯하고 성격이 온순하다. 이유는 마른 사람보다 피가 더 많아서 다혈질이기 때문인데 통통한 사람은 체온이 일정해서 생활에 항상성이 강해서 남자를 발전시키고 키워주는 좋은 여성으로 보고 있다. 하지만 날씬한 여성은 약간의 기온변화에도 체온이 민감하게 변하니 신경질적이다. 요즘은 날씬한 여성을 선호한다. 모두가 날씬하게 되려고 한다. 그 결과 다혈질은 줄어들고 신경질이 늘어나니 이혼율이 증가했다.

남자는 어떨까.

여자와 달리 남자는 피를 더욱 정제시켜 고순도의 정화 과정을 거치게 된다. 남자는 이렇게 해서 정자를 만든다.

남자는 정자를 남에게 주니 생명을 만들고 자신에게 거둬들이니 생명을 연장시킨다.


### 인연에 대한 민담 두 편

#### 첫 번째 이야기. 천생연분

옛날에 어떤 성실한 머슴이 살았는데 주인이 착하고 성실한 머슴을 좋게 생각하여 머슴이 장가들 때 논마지기를 좀 떼어주고 집 한 칸을 마련해 주겠다고 하였다. 나이가 들어서 머슴을 장가보내 주려고 했는데 마땅한 혼처가 없어서 잘 되지 않았다.

머슴은 답답한 마음에 관상쟁이한테 가서 연분을 물었는데 관상쟁이는 머슴의 연분은 세 살배기로 아직 크고 있다고 하였다. 머슴은 언제 기다려 장가들지 몰라 관상쟁이에게 자신과 연분이 있는 세 살배기가 자라는 곳의 대략적인 위치를 묻고 붓 장사를 하며 그곳을 찾아 다녔다.

하루는 머슴이 붓 장사를 하다가 어느 동네에 들어가게 되었는데 정자나무 밑에서 세 살배기 아기가 자고 있었다. 부모는 아기를 재우고 모를 심고 있었는데 머슴이 아이를 보니 딱 관상쟁이가 말한 자신의 연분이었다. 그래서 칼을 꺼내어 아이의 허벅지를 찌르고 도망갔다. 하지만 이렇게 자신의 연분을 가진 아이를 없앴는데도 머슴은 장가를 들 수가 없었다.

그렇게 홀아비로 살다가 15년이 지났는데 어디에서 혼담이 들어왔다. 그동안 쌓아놓은 재산도 있고 해서 혼인은 무사히 성사가 되었다. 이제 머슴이 새색시와 첫날밤을 치르게 되었는데 새색시의 허벅지를 더듬으니 큰 흉터가 있었다. 머슴이 그 흉터에 대해 물어보자 새색시는 자신이 어렸을 때 어머니가 자신을 정자나무 밑에 재우고 있었는데 난데없이 누가 나타나 자신의 허벅지를 찌르고 도망가 그때 생긴 상처라고 말해 주었다.

머슴은 오랜 세월이 지났기에 잊고 있었는데 자기가 찌른 그 아이가 새색시였던 것이다. 머슴은 타고난 연분은 어쩔 수 없구나 생각하며 행복하게 잘 살았다.

### 두 번째 이야기. 관상 나쁜 딸과 나무꾼 소년

옛날에 관상을 잘 보는 관상쟁이가 있었다. 하루는 자기 딸의 관상을 보니 예쁘지만 빌어먹을 상이었다. 그래서 관상쟁이는 딸에게 복 있는 남편을 얻어주려고 노력했다.

어느 날 관상쟁이가 나무를 팔러 온 소년을 보니 복이 많게 생겨서 사위로 삼고 싶은 욕심에 나무를 사겠다고 하여 집으로 데려왔다. 때마침 딸이 부엌에서 불을 때고 있었는데 관상쟁이가 소년에게 나무를 부엌으로 들이라고 해서 딸과 만날 수 있게 하였다.

관상쟁이 아비는 소년에게 자기 딸이 배필로서 어떠냐고 물었다. 소년은 그 딸을 예쁘게 보아 마음에 들었지만 어머니가 계시기 때문에 어머니에게 여쭈어 봐야한다고 대답했다.
　그렇게 일을 끝마친 후, 소년은 어머니에게 낮에 있었던 일을 여쭈어 보았는데 반대하여 관상쟁이는 결국 인연이 아님을 알고 포기하였고 얼마 후 다른 여자에게 장가들게 되었다.
　소년의 부인은 관상쟁이 딸보다 예쁘지도 않고 키도 작아 꼭 참외만하게 생겼지만 마음이 후덕한 사람이었다. 이 부부가 가난하게 살고 있었는데 하루는 그믐날이어서 떡을 한 것을 도깨비가 와서 달라고 하였다. 그래서 부인은 떡을 시루 채 그냥 줘 버렸는데 도깨비는 그 떡을 다 먹고 고마워서 시루에 하나 가득 돈을 넣어 놓고 갔다.
　소년은 그렇게 해서 번 돈을 가지고 장사를 시작해서 부자가 되어 잘 살았다.

　앞의 이야기는 한번 정해진 인연은 바꿀 수 없다는 인연의 준엄한 법칙을 말한다. 뒤에 이야기는 좀 더 복잡한 인생의 이치를 담고 있다.
　복 없는 사람은 노력해도 복 있는 사람의 배우자가 될 수 없고, 복이 있으면 그에 합당한 연인이 닿는다. 관상쟁이가 운명을 미리 알아도 바꾸지 못한다. 그런데 중요한 것이 있다. 복은 저절로 들어온 것처럼 보이지만 평소의 후덕한 인심에 도깨비도 감동한 것이다. 가끔씩 집안에 들어온 사람 이야기를 할 때가 있다. 며느리를 말하는 것인데 "저 사람은 손이 커서 밥을 해도 한 솥씩 하고 떡을 해도 한 광주리씩 하고 저렇게 손이 커서 뭐든 남아나는 게 없어."
　주변에 그런 사람이 있다.
　손이 크다는 말은 씀씀이가 헤프고 남에게 퍼주기 좋아하고 그런 스타일을 말하는 것인데 살림은 축날지 모르나 이런 넉넉한 인심은 가문을 부흥시키는 원천이 되기도 한다.
　씀씀이가 헤프다고 탓할게 아니라 그 운명의 흐름을 잘 살필 일이다. 사람은 각기 쓰임새가 다르다.

## 정재쌍전(丁財雙全)

살아가는데 있어서 가장 우선순위가 뭘까? 여기에 대해서 많은 사람의 다양한 견해와 많은 이론이 있지만 기본적으로 두 가지를 꼽고 있다. 우선 건강한 몸이다. 자신이 건강하지 않으면 세상 어떤 것도 다 소용없는 짓이다. 다음으로 재물을 거론 한다. 돈이 있어야 살아가는데 원만한 생활이 유지될 수 있다.

건강한 몸과 넉넉한 재물 이 두 가지를 일러 '정재쌍전'이라 칭한다. 보통 사람은 이 두 가지 중 한 가지도 제대로 취하기가 힘들다. 건강한 것은 좀 확정적으로 보면 오래 사는 것과 연결된다고 할 수 있다. 젊을 때는 건강하지 않은 사람이 어디 있는가. 이때는 누구나 건강하다 그 건강함을 오랫동안 잘 유지하는 것이 장수하는 것이다. 장수는 오복 중에서도 최고로 친다. 재물도 좀 확장적으로 보면 가족과 연결되어 있다 배우자든 자식이든 재물이 있어야 여유로워 진다. 결국 이 둘을 확장적으로 보면 오래 살고 잘 살사는 것인데 오래 살기도 힘들고 잘 살기도 어렵다

정재쌍전(丁財雙全)!

한자의 저 함축적 뜻은 기막힌 표현이다. 그중에 순서도 중요하다. 건강을 최우선에 둔다. 모든 것의 가장 기본이다. 정(丁)자는 장정 정자인데 힘센 사내란 의미다. 납갑에서 정은 오행상 화로서 작은 불인데 일반적으로 촛불로 비유하며 모양도 촛대의 형상이다.

한 생명의 시작은 한줌의 공기를 들이마심으로 촛불이 켜지는 것이고 죽음이란 한줌의 공기를 내뱉는 것으로 촛불이 꺼지는 것이다.

건강한 생명을 기본에 두고 생명이 살기 위한 자원(財)을 그 다음에 두었다. 이것이 생명이 살아가기 위한 가장 근원적 본질이며 그 나머지는 다 부수적인 것이다.

모든 분들 건강하기를 바란다. 세상 어떤 것도 건강보다 중요한 것은 없다.

## 관상 능력과 기업규모는 비례한다

오너는 관상 능력만큼 사업을 성장시킨다. 사업가들과 얘기를 해 보면 반드시 그 특유의 사람 보는 눈을 갖고 있음을 알게 된다.

'저 사람은 성실하겠네.'

'이 사람은 좀 영악한 면이 있어서 보고 있을 때는 정말 열심히 하는데 안 볼 때는 대충하고 딴 짓하겠는데.'

'이 사람은 즉흥적인 순발력이 좋고 말도 잘하니 영업도 잘하겠는데.'

기업가는 이런 사람 평판이 거의 정확한 편이다. 그리고 보통 사람보다 그 감각이 아주 발달해 있다. 다양한 사람을 다스리고 많은 사람과 부딪치며 자연스럽게 사람 보는 눈을 익히는 것이다. 또한 관상 능력은 나이와도 비례하는 경향이 있다. 나이들 수록 사람 보는 눈이 발전한다. 살아가면서 사람사이에 경험을 통하여 익히게 되는 감정, 이를테면 상대에게 서운한 것, 고마운 것, 아쉬운 감정 등등. 이런 것들이 시간이 지나면서 통찰적 느낌으로 사람을 알게 된다.

기업가들이 사람을 보는 눈과 관상을 학문으로 공부하는 것에 차이가 있을까?

같다. 다만 학문으로 공부하는 경우는 이론적 체계가 있는 반면 기업가는 관상 전반적 영역이 아니라 아는 것만 알게 된다는 단점이 있다. 하지만 관상은 실용학문이기에 현실의 적용은 기업가가 더 탁월하다.

오래전 삼성 창업주 이병철 회장은 신입사원 면접시 관상가를 면접관으로 참여했다는 소문이 있으며 그 자신이 관상에 상당한 실력이었다고 전해진다. 그가 관상을 체계적으로 공부했는지 단순한 직감인지는 모르겠지만 관상에 출중한 실력이 있었고 그 당시의 인재들이 오늘날 삼성을 만드는데 중심인력이 되었다.

거의 모든 기업은 오너의 취향과 비슷한 직원을 선호하게 되고 그런 분위기가 형성된다.

삼성의 이병철 회장은 반듯한 선비상이다. 자신과 같은 스타일을 선호하여 삼성맨은 명석하고 성실한 인물이 많다. 반면 현대의 정주영 회장은 품격보다는 힘과 투지를 중시했는데 그 자신이 직원들과 야유회를 가면 평사원들과 씨름을 같이 하는 등 격의 없고 활달한 스타일이었다. 안될 것 같은 일도 일단 시작해 보는 식이었다.

오늘날 삼성맨은 머리 좋고 성실하지만 온순하여 주는 대로 받고 노조가 없다. 하지만 현대는 정주영 회장을 닮아 화끈하고 열정적으로 일하고 돈도 많이 달라고 하여 한국 최고의 강성노조가 있는 곳이 되었다.

각기 스타일은 달라도 기업 규모가 클수록 그들이 사람을 보는데 있어서 어떤 재능과 자질이 있는지 '간파력'이 아주 뛰어나서 적재적소에 사람을 배치시키고 인사발령을 내는 그런 능력이 출중하다. 그러니 사람 보는 능력만큼 기업을 성장시킨다.


## 눈은 중앙통제센터의 컨트롤 타워다

사람은 백회로부터 우주의 기운을 주고받으며 소통한다. 백회로부터 시작된 천지의 기운은 앞머리로 내려오면서 특정한 형상의 기운이 뭉쳐서 한 가문의 기질을 형성하고 머리를 거쳐서 이마 중앙(양눈썹 위)에 이르러 부모의 기운이 자리한다.

이마 중앙에 부모궁이 있다. 부모궁이 좋으면 좋은 부모를 만난 것인데 어릴 때의 이 기운은 평생을 따라 다닌다. 또한 부모궁이 좋으면 머리가 명석하다. 부모궁이 좋으면 학벌이 좋은 편이다. 부모궁이 좋으면 직업이 좋다.

이 부모궁 기운을 타고 더 아래로 내려오면 눈썹과 맞닿는다. 눈썹을 형제자매를 뜻한다. 눈썹이 가지런하면 형제가 좋고 눈썹이 거칠면 형제 사이가 나쁘다. 눈썹은 형제의 자리다. 부모로 부터 형제들이 태어난 것이다. 이 형제들은 신이 머무는 공간에 거처한다. 즉 눈 안에 신이 머무는 공간이 거처가 된다.

어릴 때 부모의 보살핌을 받으며 자라고 장성하면 배우자를 맞이하여 출가를 한다. 눈 옆으로 배우자와 살림을 나는 것인데 어미 간문의 자리다. 부모로 부터 독립을 했지만 부모님이 곁에서 보호하고 가르치며 자식들은 부모를 따르고 행동을 같이 한다. 따로 거처를 옮긴 것이지 눈 밖으로 벗어난 것이 아니다. 실제로 관상에서 눈빛이 나쁘면 부부사이가 멀어지거나 나빠진다.

눈가의 부부는 자식을 만든다. 출산을 위해 친정을 방문한 자식처럼 부부의 기운은 다시 눈으로 돌아와서 아래로 내려가니 눈 아래는 자식의 자리가 된다. 눈 아래에 자식궁이 있다. 눈이 좋으면 자식에게 흘려주는 기운도 좋을 것이니 자식이 좋은 기운을 잘 받아 훌륭한 자식이 된다. 부모의 눈매가 초롱초롱하면 자식궁으로 좋은 에너지를 흘려주니 에너지가 차올라서 통통하게 살이 붙는다. 이 모양이 누에가 누워 있는 듯 하다해서 와잠(臥蠶)이라 했다.

한 가지 궁리를 해보자.

눈빛은 옆으로 퍼지니 좋은 눈빛은 눈 옆의 부부운이 좋아진다. 눈빛은 밑으로 흘러가니 좋은 눈빛은 눈 아래의 자식 운이 좋아진다. 하지만 눈빛이 좋다고 형제가 좋다는 의미는 약하다

기운은 위에서 아래로 내려오며 또한 옆으로 퍼지기도 하지만 기운이 거슬러 올라가 눈썹으로 가지는 않는다. 같은 형제라도 사는 게 제각각 다를 수 있다 특히 부모가 안 계시면 형제간의 빈부차가 더 심해진다. 부모라는 컨트롤 존재가 없기 때문이다.

정리하자면, 배우자를 묻거든 눈빛을 같이 보고, 자식을 묻거든 눈빛을 같이 보고, 재물을 묻거든 눈빛을 같이 보고, 건강을 묻거든 눈빛을 같이 보고, 소망하는 바를 묻거든 이것도 눈빛을 같이 봐야 한

다. 눈빛은 한 사람의 중앙통제센터의 컨트롤타워다. 인생의 거의 모든 게 직간접적으로 중앙통제센터의 영향을 받는다.

고전적 표현으로는 신체는 소우주로 보는데 눈을 태양이라고 했다. 태양이 만물을 비추니 생동하는데 태양의 고도와 각도에 따라서 각 생물의 영고성쇠가 결정된다.


### 육요 명칭의 원류를 찾아서

관상학은 중국에서 발원하여 중국적 명칭이 많다. 오악(남악형산, 북악항산, 중악숭산, 서악화산, 동악태산)과 사독(강독은 양자강, 하독은 황하, 제독은 제하, 회독은 회하) 등의 명칭이 모두 중국의 지명에서 따왔는데 특이하게도 점성술에 그 연원을 두고 있는 경우도 있다. 중요한 것은 가까이 있는 것이 아니라 높고 고귀한 것으로 생각하여 별자리 이름으로 그 명칭을 정함으로서 귀중하고 가치 있는 것으로 표현했다.

관상학에 별자리 이름으로 오성, 육요 등이 있다. 그중에 관상의 핵심은 육요에 있다고 해도 과언이 아니다. 육요는 여섯 가지 별자리를 말하는데 라후, 계도, 자기, 월패, 태양, 태음 이렇게 여섯 가지인데 양 눈썹, 인당, 산근, 양 눈 이렇게 여섯 곳이다.

이중에 왼쪽 눈은 태양, 오른쪽 눈은 태음(달) 이니까 이해가 쉬운데 양 눈썹도 눈을 따라 이름을 달리 부르는데 라후 계도 이렇게 칭하니 이름이 낯설어 그 의미를 짐작하는 게 어렵다. 이에 글자의 사용배경을 따라가 보자.

별의 기운을 보고 운명을 예측하는 중국 점성술에 칠정사여라고 있다.

칠정은 일월과 오성(금목수화토)을 말하는데 우리가 요일로 사용하는 일월화수목금토의 일곱가지다. 사여(四餘)는 라후(羅睺), 계도(計都), 자기(紫氣), 월패(月孛)를 말한다. 그 중에 왼쪽 눈썹은 '라후' 오른쪽 눈썹은 '계도'다.

라후는 인도 Rahu에서 온 말이며 계도 또한 인도 Ketu에서 나오는 말이라고 하는데 굳이 이렇게까지 알 필요도 없고 중요한 것도 아니다. 관상학에서는 그저 여기서 차용해 왔다는 것 정도만 알면 되겠다.

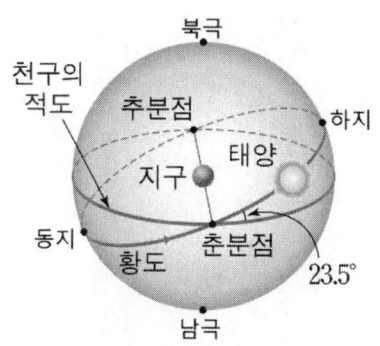

천체 궤도의 천구상의 추분점이 라후 춘분점이 계도다

라후, 계도는 천체구 궤도상에 있어서 백도와 황도의 남북 두 개 교점으로서 한자 그대로 표기하면 월남교와 월북교다. 월남교는 천구상의 천체의 공전궤도가 황도면과 교차하는 두 교점 중에서 천체가 북쪽에서 남쪽으로 황도를 가로지르는 점을 말한다. 월북교는 남쪽에서 북쪽으로 가로지르는 점이다. 황도상에 월남교가 추분이라면 월북교는 궤도 반대편의 춘분점이다.

왼쪽 눈은 태양이다. 눈썹은 태양을 도는 혜성의 궤도다. 그러니 크게 반원을 그리는 타원형의 곡선인데 눈썹은 이 모양을 따왔으므로 완만한 곡선의 눈썹이 좋은 눈썹이다. 신월미나 유엽소추미 등이 이 모양과 닮았으며 좋은 눈썹모양이라고 보고 있다. 눈과 눈썹 사이

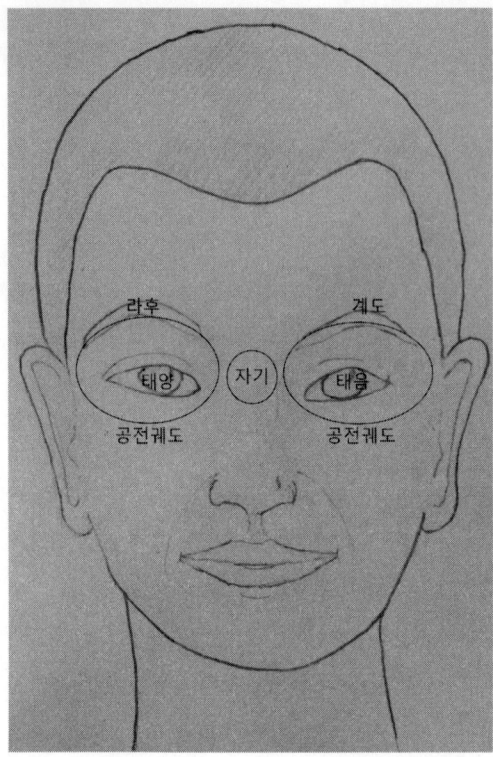

육요는 천문도에서 눈을 중심으로 그 공전 궤도를 그리고 있다.

가 좁다는 것은 혜성의 궤도가 태양 곁을 스쳐지나가니 충돌의 위험과 운석의 파편 피해가 있으니 흉하다.

오른쪽 눈은 달이 중심이고 눈썹은 달을 도는 혜성의 궤도다. 역시 눈과 눈썹 사이가 좁다는 것은 혜성의 궤도가 극히 짧은 것이니 너무 가까이 붙어 있으면 흉하다. 아울러 눈과 눈 사이가 멀면 그 공전 주기인 눈썹과 눈썹 사이도 멀고, 눈과 눈 사이가 가까우면 그 공전 주기가 짧은 것이니 자기장의 영향이 확대되어 흉하다. 각 행성은 멀찍이 떨어져 있고 그 공전주기의 궤도가 클 때 보이는 모습의 완만한 변화로 그 모습이 아름답게 비친다. 즉 눈과 눈 사이, 눈썹과 눈썹사이 그리고 눈과 눈썹 사이는 모두 적당히 떨어져 거리가 있는 것이 좋다.

이제 월패와 자기를 살펴보자.

월패(月孛)의 패(孛)자는 살별(혜성) 패 혹은 안색변할 패자인데 달의 색이 언제 변하는가. 개기 월식 때 달빛이 변하니 달의 공전주기와 천구의 적도가 교차점에서 만났을 때의 개기월식이라 할 수 있고 자기는 태양 달 지구 이렇게 일직선으로 섰을 때 개기일식 현상이라고 볼 수 있다.

육요에 대한 마의선생의 신상편을 살펴보자.

> 羅睺須得長 長者食天倉(左眉)
> 라후는 반드시 길어야 한다. 긴 사람은 복록이 가득 하다.
> 計都須得齊 齊者有妻兒(右眉)
> 계도는 반드시 가지런해야 한다. 가지런하면 귀한 처자를 두게 된다.
> 紫氣須得圓 圓者 有高官(印堂)
> 자기는 반드시 둥글어야 하는데 둥근자는 고관이 되고
> 月孛須得直 直者有衣食(山根)
> 월패는 반드시 곧아야 하는데 곧은 자는 의식이 여유롭다
> 太陽須得光 光者福祿强(左眼)
> 태양은 반드시 빛이 나야 하는데 빛이 나는 자는 복록이 강하고
> 太陰須得黑 黑者有官職(右眼)
> 태음은 반드시 검어야 하는데 검은자는 관직이 있다

각기 따로 설명하고 있지만 눈썹은 라후 계도가 이름만 다를 뿐 한 쌍이므로 라후의 설명은 계도도 그러해야 하고 계도의 설명도 라후와 같은 조건이 된다.

즉 눈썹은 길고 가지런해야 복록이 많고 귀한 처자를 두게 된다는 말이 된다. 아울러 태양과 태음의 두 눈도 한 쌍인데 태양은 복록이라고 했으니 재물을 말하고 태음은 관직이라고 했으니 권력이라고 나누어 말하고 있지만 고귀함을 말하니 역시 같다고 봐야 한다. 자기와 월패도 연이어 붙어 있으므로 자기의 기운이 넉넉하면 월패까지 그 기운이 흘러가 이어지므로 역시 하나가 좋으면 덩달아 같이 좋아지게 된다.

육요는 여섯 가지의 별이다. 별은 빛이 나야 좋다. 우리들이 최고의 연예인을 스타라고 하는 것처럼 가장 환하고 밝은 것을 스타로 표현했다. 스타는 각기 자신의 자리를 확립할 정도로 적당히 떨어져 있어야 좋다.

눈 주위에 별들이 몰려 있으니 이곳이 관상의 핵심이며 우주의 은하계인 셈이다.

### 기미를 보고 미래를 예측한다

소강절(邵康節, 1011~1077년)은 북송(北宋) 때의 학자 소옹(邵雍)을 말한다. 소옹의 자(字)는 요부(堯夫)인데 죽은 뒤 강절(康節)이라는 시호가 내려졌다. 소강절은 역학(易學)사에 있어서 가장 뛰어난 인물 중 하나다. 주역에 통달하여 현대적 개념의 주역이론을 정립했으며 우주의 달력이라는 '황극경세서'(皇極經世書)를 만들었다.

오늘날의 현대적 주역이론을 정립했기에 주역을 응용한 점사법 예를 들면 하락이수, 주역점, 육임, 기문, 심지어 토정비결까지 그의 이론을 직간접적으로 가져다 쓴다고 봐도 과히 틀린 말이 아니다. 그중에서도 가장 발달한 점사법인 매화역수를 살짝 엿보자.

실제 적용법은 점사 당시의 기미 혹은 징조로 미래를 예측하는데 이런 사례가 조상의 지혜로 발달하는 경우도 있다.

저녁놀은 다음날 날이 맑다.

아침에 거미줄 치는 것을 보면 날이 맑을 징조다.

나뭇잎이 뒤집혀 바람이 불면 비 오는 바람이다.

자연이 아닌 실생활에서 함 살펴보자.

이삿날 창가에서 참새가 짹짹이면 구설시비가 생긴다.

맞선 보러 가는데 길가에 깨진 거울을 보면 그 혼사는 안 된다. 파경(破鏡)이란 깨질 파 거울경자다

큰일을 앞두고 문득 하늘을 보니 먹구름이 걸려 있다면 장애가 있다.

환자가 병원 가는 길에 술 마시는 걸 보면 낳는다.

꿈에 왕관을 쓰면 관록이 오른다. 등등….

꿈도 기미의 한 징조다. 기미를 보고 앞일을 예상하는 거다. 그래서 좋은 징조는 그게 탈날까 걱정하고 부정한 조짐은 액땜이란 말로 회피를 하려고 한다.

"야 그런 식으로 초지지 마라"

"아이고~ 이걸로 액땜했다 생각하고…." 등등….

실례를 하나 들어보자.

어떤 사람이 자금 사정 때문에 동업을 하려는데 좋겠는가 하고 물어왔는데 매화역으로 점을 친다고 할 경우,

어느 쪽 방향에서 오는 가로 한 효가 정해지고.

문지방은 어느 발 먼저 넘는 가로 또 한 효가 정해지고.

앉는 자세가 어떤가에 따라 한 효가 정해지고 이런 식이다.

이렇게 점괘 산출은 뭘 선택하느냐 하는 것이 자유롭고 창의적이다. 따로 점을 치는 행동 자체가 필요 없다. 눈썰미 있게 보고서 궁리만 하면 된다.

점사가 천지(天地)부(否) 괘가 나왔는데 마침 옆집에서 부부 싸움 소리가 들린다. 그러면 그게 조짐이니 답은 자명하다.

"동업하지마라 결국 싸움난다."


## 인생 이모작은 회갑(回甲)부터다

얼굴의 특정 형상이 과다하거나 부족할 경우 그 나이대를 지나서 뭔가를 시작하면 된다. 여성의 이마가 나쁘면 이혼의 징조가 될 수 있는데 이마 기운이 지배하는 20대를 넘어서 30대에 결혼하면 이혼의 위기를 줄일 수 있다. 또한 코의 나이대는 40대인데 코의 모양이 좋지 않다면 40대에는 각별한 주의가 필요하다.

얼굴의 각 부위는 나이대가 정해져 있다. 이마는 초년의 나이대를 담당하고, 얼굴의 중앙부인 코는 중년의 나이대를 담당하고, 입은 말년의 운세를 담당한다. 이렇게 얼굴의 각 기관을 지나쳐 오다 보면 아랫입술이 60세로서 얼굴의 전 기관을 거쳐 오며 얼굴의 사이클이 한 바퀴 도는 것이고 동양의 시간개념은 60년을 한 바퀴 주기로 보기

에 얼굴도 여기에 맞춰져 있다.

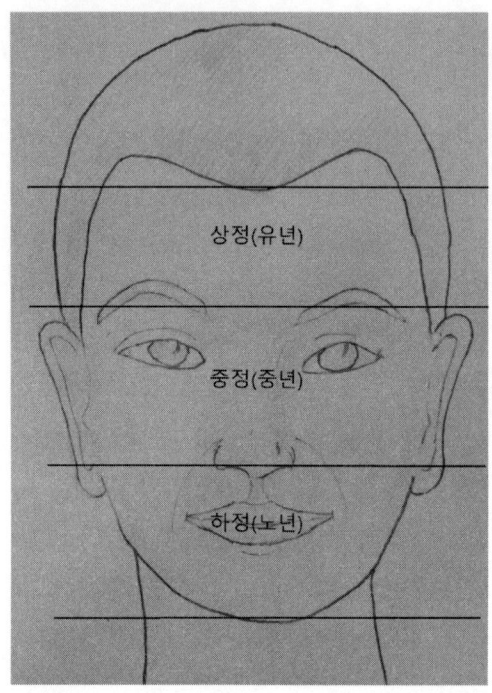

관상은 세부적으로 좋은 것 보다 전체 삼정의 균형이 더욱 중요하다.

60세의 회갑이 되었다는 것은 인생 사이클을 한 바퀴 돈 것이다. 그러니까 어떤 위험과 좋은 기회 등 인생의 길흉회린의 전 과정을 한 번쯤은 모두 거쳐 왔다는 것이다. 그러니 회갑이 되었는데도 아직 살아있다면 어떤 운이 와도 견딜 수 있는 최소한의 기본은 갖춘 탄탄한 운명이라는 의미다.

60세 이후는 생활 패턴의 반복적 의미가 있기에 이전에는 뭔가를 하다가 실패했다면 이후에는 그때의 경험을 거울삼아 성공할 가능성이 더 높다고 할 수 있다. 다만 똑같은 일을 반복하더라도 나이에 따른 체력이 문제가 된다.

이전에는 회갑까지 살기가 어려웠다. 회갑잔치를 한다면 오래 살아서 장수를 축하한다는 의미였지만 지금은 회갑(환갑)잔치라는 말은 옛말이 되었다. 이제는 회갑 후 짧아도 20년 길면 30년 이상의 시간이다. 그냥 무위도식하기에는 너무 긴 시간이다.

가끔 퇴직 후 부업삼아 혹은 인생 이모작의 하나로 뭔가를 새로 시작한 것이 지금까지 평범하게 살아온 날들보다 더욱 찬란한 빛을 발산하는 경우가 가끔 있다. 운명적으로 말하면 대운이 늦게 찾아오는 경우인데 강태공도 나이 80에 세상에 출사했다고 전하고 있다. 인생 이모작은 명퇴 시점이 아니고 회갑이후가 진정한 이모작이다. 옛날과 달리 수명 연장에 대한 깊은 고찰이 필요하다 하겠다.


## 직업별 눈빛

연기자 이○○은 조폭 두목에서 중간보스 찌질한 동네깡패 등 주로 나쁜 역으로 나온다. 인상이 살벌하고 성깔 있어 보이기 때문이다.

인상이 나빠 보이는 사람의 특징이 있다. 쌍꺼풀이 없다. 눈두덩이 두텁거나 넓어서 눈은 작거나 가는 실눈이 되는데 눈매가 날카롭다. 눈이 삼각안이다. 눈머리 쪽은 넓다가 각을 지며 줄어든다(가로로 긴 불균형 삼각형의 모양이 된다). 이목구비와 눈썹 등이 매끈하지 못하며 과도하거나 부족하여 조화의 불균형으로 보기가 불편하다.

나쁜 인상의 가장 중요한 것은 노안(怒眼 성난 눈)이다. 눈빛에 힘을 주고 화난 표정을 짓지 않아도 평소에 화난 표정의 눈빛이 있다. 화난 눈빛은 투쟁심이 강하다. 노안이 격이 높으면 직업군인이나 전쟁 용병 혹은 승부를 하는 직업 등을 가지겠으나 격이 낮으면 깡패나 그런류의 생활을 하게 된다. 눈빛을 부드럽게 하는 수행의 노력이 필요하다. 투쟁심이 과하니 좋은 눈빛이 아니고 좋은 운명이 못된다.

연기자로서 눈빛이 사납거나 인상이 험악한 악역 전문은 평생 가난을 못 벗어난다. 악역이니 당연 광고 CF 의뢰도 드물다. 결국 자신의 특화된 이미지와 실제 자신의 삶의 발전 사이에 고민이 필요하다고 하겠다.

노안은 아니지만 눈빛이 강한 사람이 있다. 본래부터 강한 사람이 있고 특정한 시기에 특정한 일로 강해지는 때가 있다.

원래 눈빛이 강한 것은 타고난 것이니 논외로 치고 특수한 경우에 눈빛이 강한 경우는 궁리해 볼 가치가 있다. 재물이 생길 때 눈빛이 밝아진다.

이건 굳이 눈빛에 한정된 게 아니고 얼굴빛 전체가 좋아진다. 연인이 생길 때도 눈빛이 빛난다. 연인의 변동이 생길 때도 역시 그렇다. 이혼 후 재혼하는 경우다.

또 하나는 무속인의 경우다. 진짜 무속인은 하나같이 눈빛이 강하다. 눈빛이 무서워 제대로 쳐다보기가 힘들다. 무속인은 눈빛과 무속인 특유의 상이 있는 편이라서 관심을 가지면 굳이 한복을 입고 그러지 않아도 신을 모시는 사람이란 느낌이 온다. 연인이 생길 때 눈빛이 강해진다고 했는데 무속인의 경우 신과의 인연 때문이 아닌가 생각된다.

다만 정확히 말하면 신을 받았기 때문에 눈빛이 강해진 것으로 생각되지만 신이 오기 전에도 눈빛이 강했는지 그것까지는 모르겠다. 우리 몸의 정(精), 기(氣), 신(神) 중에 무속인은 신 기운이 강하다. 정은 물, 기는 공기(산소), 신은 불(화)로 표현할 수 있다. 신이 강하다는 것은 불빛이 밝은 것이다. 밝아서 내부(과거)를 환히 볼 수 있는 것이다. 불빛이 밝으니 가까운 앞길은 밝게 볼 수 있지만 먼 길(미래)은 불빛이 약해진다. 신의 기운이 강하다는 것은 신기의 주파수가 보통사람과 다른 것인데 타고난 자질(몸)이 다르기 때문이다. 어쨌든 보통 사람의 기준으로 볼 때 무속인은 초능력자다.

역술인은 무속인 보다 눈빛 자체는 약하지만 날카롭다. 역술인 중에 후덕한 인상이 잘 없다. 눈빛 때문에 그렇게 보이는 것이다.

문학, 언론인 등은 눈빛이 그윽한 경우가 많다.

의사나 법관, 경찰 등은 눈빛이 날카롭다. 날카로우니 조금의 차이도 알아챈다. 그 조금의 차이로 의사는 생사를 가늠하고 경찰은 범인을 알아본다(아주대 응급외상센터 이국종 교수의 눈빛이 날카롭다).

장사하는 분이나 기업가는 눈빛이 초롱초롱하다. 특히 큰 이득을 볼 때는 눈빛이 더욱 빛난다. 또한 빛나는 눈빛은 순발력이 좋다.

정통 수도인은 눈빛이 선하다. 맑고 악의가 없다. 수도인보다 좀 탁하지만 선해 뵈면 농부다.

정치인은 얼굴 전체가 덕성 있어 보이는 경우가 많다. 호감 있는 얼굴을 하고 있으니 표를 주는 것이다. 다만 눈빛은 천차만별이다.

## 턱은 노년의 운세를 본다

턱 아래가 두둑하게 발달해서 주름진 형태를 이중턱이라 하는데 이중턱은 그 특성상 살찐 사람이 많다. 또한 이중턱은 턱 자체가 넓은 편이다. 이중턱으로 주름이 진 형태 까지는 아니고 턱 아래가 도독한 경우가 있다. 이를 제비턱이라 한다. 이중턱으로 주름진 모양보다 탄력 있어 뵈는 제비턱이 더 좋은 것 같다(개인적 생각). 이중턱이든 제비턱이든 턱 아래쪽 살집이 좋으면 전체가 넉넉한 경우가 많고 정면에서 봤을 때 앞턱이 뾰족한 역삼각형은 이중턱이나 제비턱이 흔하지 않다.

귀 아래쪽에서 턱뼈가 시작되는데 이를 하악각(시골)이라 한다. 하악각이 발달하면 자존심이 강하고 성격이 치밀하다. 하악각의 발달이 지나쳐 뒤에서 볼 때 뒷머리 너머로 하악각이 보일정도로 옆으로 벌어진 하악각은 성정의 강렬함이 지나쳐 이기적이고 흉포한 면이 있기에 배반(배신자)의 상 중 하나로 불리고 있다.

입에서 턱 사이의 간격이 좁은 경우가 있다. 그러니까 이마 쪽의 상정, 코가 있는 부위의 중정, 입이 있는 하정 중 하정이 짧은 경우다. 여기에도 두 가지 경우가 있는데 하정이 짧지만 옆쪽의 하악각이 발달하여 턱의 위아래는 좁지만 옆으로 벌어진 경우가 있고, 하정도 짧고 옆턱도 넓지 않아서 턱 전체가 약한 경우가 있다. 하정이 짧지만 옆턱인 하악각이 발달하여 턱이 단단하고 힘이 있지만 짧은 경우 높은 자리에서 갑작스런 사퇴 등의 흉사가 생긴다(개인적 경험과 견해).

턱이 길고 넓게 발달하면 노년이 좋으며 또한 재물운이 좋다. 현대 자동차 정몽구 회장의 턱이 좋다.

턱이 길기는 한데 옆으로 벌어진 것은 부족하여 턱이 뾰족하게 긴 경우가 있다. 일명 개턱이라고 하는데 정이 없고 이기적이다.

턱은 길이, 좌우의 넓이 등이 적당해야 되고 앞으로 튀어나오거나 뒤로 꺼져서 부실해 보이지 않아야 된다. 부수적으로 적당한 하악각이 있고 턱 아래쪽에 살집이 있어야 좋다.

여성은 둥근턱이 제일 무난하다.


### 이중턱에 대한 고찰

턱 아래가 두둑하여 겹쳐진 주름이 있는 것을 이중턱이라 한다. 이중턱은 노년이 좋으며 재산운이 좋다. 이중턱이 운이 좋으면 불로소득의 재물이 생길 수도 있는데 앉아서 남의 집 재산 차지하기도 한다.

이중턱은 재물 외에 특이한 것이 하나 더 있는데 배우자 외에 첩이나 애인을 두는 경우가 있다. 때로는 두집 살림을 하는 경우도 있는데 이렇게 해도 문제가 안 된다. 큰집 작은집 이런 식으로 각기 자식들까지 두는 경우도 있는데 이중에 말썽을 피우는 그런 자식도 없다.

이중턱은 재산운이 좋은 경우인데 재물 대신 이성운이 오는 경우가 있다. 남자의 경우 돈이 많아지면 여자도 많아지게 된다.

여자인 경우 이중턱은 어떨까?

여자도 역시 재물운이 좋다고 볼 수 있지만 남자와 다른점은 애인을 두거나 그런 경우가 있고 애인 보다는 자식이나 양자 혹은 그에 준하는 이를 보살피는 경우가 있다. 또는 부모를 대신해 가장 노릇을 한다거나 이런 식이다.

어느 경우든 재물 운이 좋고 재물 운이 안되면 사람 인연으로 온다. 그런데 이 경우 재물과 사람의 차이는 자기 뜻대로 결정되는 것이 아니고 운명처럼 결정되는 듯하다.

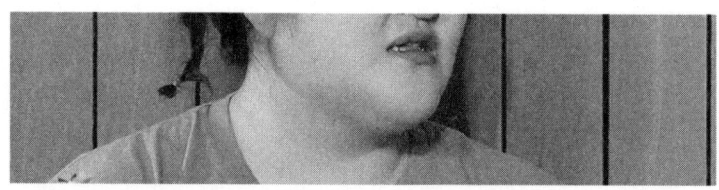

"저는 이중턱인데 가난하고 애인도 없는데요?"

이런 질문이 많을 것이다. 아직 때가 되지 않았기 때문이다.

턱은 노년의 운세와 연관이 있다. 물론 노년이 되었는데도 운이 없다면 그때도 가난하게 살게 될 수도 있다. 그러니 어떤 운명이든 좋은 운을 타고 나는게 중요하다. 다만, 이중턱이 장수하는 경우는 드물다. 빠르면 60대에도 가는 경우가 많다. 이중턱이라서 단명하는게 아니라 이중턱을 하고 있는 사람들의 특징에서 비롯된다.

이중턱은 턱 끝에서 목으로 가는 살이 많아 주름이 지는 경우인데 이곳에 살이 많다면 신체의 다른 부위도 통통 그 이상인 경우가 많다. 크게 통통하지 않아도 키에 비해 체구가 좋으면서 이중턱인 경우가 있는데 관상 이론에 '살이 돈이다'라는 말이 있다. 깡마른 사람보다 넉넉한 살집의 사람이 재물운이 좋다. 살이 많지 않아도 이중턱을 하고 있다면 쉽게 살이 찌는 체질이다.

이중턱은 성격이 원만한 경우가 많으며 그 영향 탓인지 주위 인물들이나 가족들도 성격이 무난한 경우가 많다. 그래서 복잡한 기정사가 있어도 원만히 해결된다.

이중턱은 재물이나 사람 인연은 넉넉해지기 쉬워도 수명은 짧기가 쉬우니 이렇게 운명의 균형을 맞추려는 신의 배려가 숨어있는 걸까.

### 비유를 통한 이해

관상은 이해를 쉽게 하기 위해 각종 사물에 비유하는 방식이 많다.

### 눈썹은 처마에 비유한다

지붕의 처마가 적당히 길어야 비가 들이쳐서 대뜰 위 신발이 비에 젖는 것을 막아준다. 또한 한여름에는 햇빛을 가려 시원한 그늘이 되어준다. 눈썹은 눈을 보호하는데 목적이 있는데 처마처럼 길어야 좋다.

처마는 일직선이 아니고 처마의 모서리 쪽으로 갈수록 유려한 곡선을 그리고 있는데 눈썹도 일직선보다 둥근 유엽미 혹은 초승달 모양의 앙월미를 최고의 눈썹 형태로 보고 있다.

### 눈은 태양에 비유한다

우리가 사물을 보는 것이 시각에 의하듯 태양이 온 사물을 비추어 밝히는 것과 비교한다. 눈빛은 태양빛처럼 초롱초롱해야 된다. 흐린 날처럼 눈빛이 흐리다면 만사불성이다.

### 눈은 또한 강물로 본다

눈은 신이 거처하니 양의 성질로 보기도 하고 물을 머금고 있으니 음의 성질로 보기도 한다. 양의 성질로 보니 태양에 비유했고 음의 성질로 보니 강물에 비유한다. 강은 길고 유려하게 흘러야 좋은 것이며 또한 깊어야 물길이 끊이지 않고 큰 강이 된다. 이렇듯 눈은 둥근

눈보다 강물이 흘러가는 것처럼 긴 눈이 좋고, 강물이 깊으면 물빛이 검은 것처럼 검은 동자를 좋게 본다.

### 귀는 꽃잎에 비유한다

한 쪽 귀는 꽃잎의 반쪽에 해당하니 두 귀가 모아지면 하나의 꽃송이가 완성된다. 꽃잎은 잎이 겹겹이 겹쳐진 모습이듯이 귀의 모양은 이륜(耳輪)이 굴곡지게 잘 발달하여 꽃잎처럼 감싸고 또 감싸서 주름진 모양이 좋다.

꽃이 너무 활짝 피면 꽃잎이 뒤집어지듯 귀가 뒤집어진 형태는 자신의 재능을 다 펼치지 못할 우려가 있다. 반대로 다리미로 다린 듯 쭉 펴진 모양은 기교가 없으니 역시 나쁘다.

### 입은 배의 모양에 비교한다

배가 바로 서 있을 때 입 꼬리가 배의 선 후미처럼 위쪽으로 향하면 좋고, 배가 거꾸로 뒤집어진 듯 입 꼬리가 아래쪽으로 쳐져 있다면 나쁘다. 웃음은 입 꼬리가 올라가게 하니 좋은 입 모양을 만들 수 있다. 좋은 입모양은 미래가 희망적이다. 웃는 모습을 하고 있으니 웃을 일이 많이 생길 암시다. 입 꼬리가 아래로 향했다는 것은 오랫동안 웃을 일이 많지 않았고 고난의 시간을 지내왔다고 볼 수 있으며 오랫동안의 인내로 성격이 완고하지만 재산은 많은 편이다.

### 코는 산의 모양으로 비유한다

눈과 눈 사이 코가 시작하는 부위를 산근(山根)이라 하는데 산의 뿌리란 뜻이니 코 자체를 산으로 본 것이다. 산근에서 시작한 콧등은 완만한 경사를 이루고 콧방울 쪽은 경사가 급하니 험난한 산지인 셈이다. 콧구멍은 산에 딸린 동굴로 볼 수 있다. 콧대가 높으면 좌우 금갑이 코를 잘 받쳐줘야 좋은 코가 된다. 코는 높은데 금갑이 부실하다면 경사가 급한 뾰족한 산이 될 것이니 이는 산사태 등의 자연재해에 취약할 것이니 좋은 산이 못된다. 뾰족한 코는 재산이 없다. 가난하다. 산은 완만한 경사를 이룰 때 숲이 우거지고 온갖 동식물이 어울려 살 수 있는 좋은 산이 되는 것처럼 코는 높이 보다 넓이가 중요하다.

## 기운 따라 끼리끼리 모인다

학생이 나쁜 행동으로 학교에서 문제가 될 때 그 부모들이 공통적으로 하는 말 "우리애가 원래는 착해요 나쁜 애들과 어울리며 분위기에 휩쓸린 것이죠"

그 말이 틀린 말은 아니다. 타고난 본성은 누구나 선하다. 하지만 그 선함에도 차등은 있다. 사람에 따라 쉽게 나빠지는 사람이 있는 것이다.

불량한 심성을 타고 나면 수양이 필요하다. 나쁜 심성 그대로 살아가면 자신도 힘들고 주위 사람들도 힘들기 때문이다. 하지만 타고난 천성은 변하지 않는다. 거의 절대라고 해도 될 만큼 변화가 어렵다.

수양이 필요하다는 것은 타고난 천성을 거슬려 다른 행동, 다른 심성을 갖는 것이다. 평생을 그렇게 노력해야 하니 그만큼 타고난 삶이 어렵고 불리하다.

좋은 심성은 타고난다. 자라면서 어느 정도 바꿀 수는 있지만 그 변화가 미미하다. 어려운 환경 탓에 자라면서 사람이 나빠졌다고 하는데 환경 때문에 나빠진 게 아니다. 어려운 중에도 그걸 극복하고 반듯하게 성장하여 성공하는 사람이 많다. 나쁜 사람이 된 이유를 어린 시절의 환경으로 돌리는 것은 일견 그럴듯해 보이지만 그저 변명일 뿐이다.

타고난 천성대로 사는 게 편하다. 그런데 그렇게 사는 걸 포기하고 수양이 필요하다면 그건 힘든 일이다. 그래서 살다가 나태해지거나 힘이 떨어질 때 타고난 천성이 나타나기 쉽다. 자기와 동질의 기운은 마음이 편하다. 그런 편안함을 마다하고 다른 기운을 가진 사람으로 행동하려니 마음이 편하지 않다. 그래서 평생 수양하다가도 어느 한 순간에 말아먹는 경우가 생긴다.

사람은 누구나 외롭다. 그 외로움에 아주 가끔 비이성적 행동을 할 때가 있다. 선천적으로 나쁘게 아니라 외로움에 혹은 친구들과 어울리며 쉽게 나빠지는 것이다. 사람은 주변 환경에 영향을 받는다. 주위에 좋은 사람이 많다면 마음을 다스리는데 도움이 된다. 친구나 지인은 그래서 중요하다.

사람 사이의 인연은 운명이지만 좋은 인연은 노력이다.


### 콜라병과 맥주병

좋은 관상과 예쁜 얼굴이 일치하지는 않는다. 또한 좋은 체형과 멋진 체형도 일치하지 않는다. 그렇다고 모두 다 불일치 한다는 것도 아니다.

미의 기준은 시대마다 달랐다. 양귀비가 살던 시대는 통통한게 예뻤다. 그 시대 최고의 미인이 통통했으니까 모두 그걸 따라 했다. 북한은 리설주가 사용하는 제품이 유행하는 인기 품목이고 그녀의 헤어스타일을 따라한다.

지금은 전세계적으로 날씬한 게 미인이다. 가슴은 크고 허리는 잘록한 게 미인이다. 하지만 잘록한 허리를 관상학에서는 나쁘게 본다. 좋은 허리는 잘록한 게 아니라 상체 가슴부에서 엉덩이까지 굴곡 없이 맥주병처럼 밋밋해 보이거나 허리가 굵어서 둔해 보이는 그런 형이 복 있는 체형이다.

　미혼의 아가씨는 말한다.

　"그렇게 드럼통 허리라면 시집도 못 갈걸요?"

　그 말이 맞을지 모른다. 하지만 한 움큼의 허리를 하고 있으면 시집은 갈수 있을지 몰라도 가난하게 살게 된다.

　그럼 다시 물을 것이다.

　"요즘 연예인들 다 잘록한 허리를 하고 있는데 그들 다 돈 잘 벌고 부잔데요?"

　잘록한 허리의 모델이 진짜 돈 잘 버는 경우는 극소수다. 그리고 그나마 날씬하고 인기 많은 연예인들은 삶의 기복이 심하다. 기운이 강해서 돈은 벌지만 체형이 좋지 못하니 기복이 생기는 것이다. 이혼을 많이 하고 파산 등을 겪게 된다.

　"날씬한 사람이 더 건강한 것 아닌가요?"

　맥주병 형태를 말하는 것이지 오뚜기 체형을 말하는 것이 아니다. 적당한 정도 혹은 통통한 정도가 좋은 것이지 과도한 비만은 나쁘다. 마른 사람보다 적당하게 비만한 사람이 추위 더위 등의 극한 환경에 저항능력이 강하다.

　근래에 비만자가 많아지면서 상대적으로 과하다 싶을 정도로 날씬함에 대한 집착이 심하다.

　"돈이 없어도 날씬할래?"

　"예"

　"가난해도 예쁜게 좋아?"

　"예에~."

　"음~. 오래 못살아도?"

　"그래도 일단 날씬하고 예쁜 게 좋

아!"

도대체 콜라병 몸매는 무슨 마법이 걸렸기에.

사실 밋밋한 맥주병보다 굴곡진 콜라병이 보기도 좋고 쥘 때 그립 감이 좋기는 하다. 그래서 그런 병 모양을 만든 거니까. 하지만 분명한 것은 같은 크기라도 굴곡져 있으면 내용물이 좀 더 적게 담긴다.

비닐봉지를 들던 명품 백을 들던 내용물이 중요하고, 나이 먹다 보면 좀 예쁘나 그렇지 않으나 그 얼굴이 그 얼굴이고 별 차이가 없다.

콜라병은 날씬한 몸매를 유지하려고 힘들게 운동하고 먹고 싶은 거 참아가며 고생하는 팔자다.

다시 묻자.

"힘들고 어렵고 가난하지만 날씬한 것과 안 날씬해도 행복한 것 중에 어느 것?"

"그래도 날씬해 질수만 있다면 힘든 건 감수할래."

"좋아. 그럼 그 생각을 얼마나 오래 유지할 것 같아."

"평생~."

"음…."

콜라회사에 건의하고 싶다. 좀 더 통통한 콜라병을 만들어라. ㅎㅎ.


**귀는 경계의 감각기관이다**

곤충류를 보면 머리 꼭대기에 더듬이 기관이 있다. 제일 높이 있으니 가장 중요한 기관이란 걸 짐작할 수 있는데 이 기관으로 소리의 진동이나 촉각 등을 감지하여 자신의 위험을 알아차린다.

곤충보다 더 진화한 포유류 동물들은 귀가 제일 위쪽에 위치해 있다. 곤충들의 더듬이 역할에 준하는 기능을 하는 것이 귀라는 것을 알 수 있다.

진돗개는 귀가 바짝 서 있다. 여타 사냥개도 귀가 서 있다. 경계와 주시에 청각의 절대적 영향이 강하다. 하지만 사냥개가 아닌 일반적인 애완동물로 자리한 반려견은 큰 귀가 귀를 덮고 있는 경우가 많다.

귀는 적이나 위험을 감지하는 경계의 기관이다. 약자일수록 사는 게 최우선이니 그게 가장 높은 자리에 위치해 있고 그 다음으로 냄새를 맡는 등의 먹이를 얻기 위한 정보를 얻는 기관이 자리하고 있다.

관상에서는 귀가 높으면 귀족이라는 말이 있다. 귀가 높다는 것은 위험을 감지하는 능력이 좋은 것이다. 높은 귀는 경계심이 강하다. 감각이 발달해 있으니 여성의 귀가 높으면 질투심이 강하다. 위험 회피를 잘하니 잘 사는 것이다.

한마디로 높은 귀는 명석하다. 천원 지폐의 퇴계 이황은 귀가 높다. 잘 살려면 명석하고 똑똑해야 된다.

큰 귀는 복이 있다. 말하자면 감각의 레이더가 크고 튼튼한 것이다. 성능 좋은 레이더를 보유하고 있으니 그만큼 복이 있는 것이다.

보통 외국의 지폐에 등장하는 인물은 그 나라의 왕이나 대통령 등 최고 지도자들이 많은데 정작 이들은 귀가 높은 경우는 잘 없다. 우리의 지폐 중에서는 천원 지폐의 이황의 귀가 가장 높고 만원 지폐의 세종대왕은 귀가 가장 낮다.

귀가 높아야 명석하다고 했는데 왜 이럴까?

고액권일수록 지폐의 크기가 약간씩 더 크다. 그리고 고액권일수록 귀는 낮아진다.

귀는 경계의 기관이니 상대를 견제하고 상대보다 우위에 서게 하는데 사용 된다. 경계는 약한 자가 하는 것이다. 먹이사슬의 최종 포식자는 경계를 하지 않는다. 최고권자는 경계보다는 리더쉽과 포용력으로 그들 모두를 수용해야 한다. 왕이 이런 역할을 한다. 귀가 높아야 명석하지만 왕은 명석한 인재를 가려 뽑는 안목이 필요하다. 말하자면 경계보다는 전체를 위해 먹이를 찾고 결정하는 능력이 더 중요한 것이다.

귀가 높으면 명석하다. 귀족이다.

귀가 낮으면 포용력이 좋다. 최고 지도자다

## 뒷머리 관상

보통 머리골은 나쁜 게 없다는 말이 있다. 몸에서 뼈가 불거진다면 그것은 흉하다. 하지만 머리뼈는 머리를 싸고 있는 외형으로 뼈가 불거져 나온다는 것은 그만큼 뇌 용량이 큰 것이고 이것은 좋게 본다는 말이다.

보통 머리뼈는 둥근 것을 최상으로 본다. 둥글다는 것은 같은 면적에 가장 많은 용량을 싸고 있는 경우다. 또한 두상은 하늘이요 몸통은 땅으로 보기에 두상이 둥근 것은 하늘을 닮았다고 보기에 둥근 것을 좋게 본다.

두상에서 앞면은 얼굴이 있고 후면은 머리뼈가 감싸고 있다. 얼굴 상을 보고 길흉을 말하듯이 후면도 뼈 모양을 보고 후면의 상이 좋다 나쁘다를 평가한다.

얼굴 앞면은 양이요 뒷면은 음인데 양은 외부로 표출된 기운이 있고 음은 뼈 모양을 보고 좋다 나쁘다를 말한다.

옛날에는 베개를 받치고 반드시 누워서 키웠기에 뒷골이 나온 경우가 없는데 요즘은 엎어서 키우는 경우가 많아 뒷머리가 나온 경우가 많다. 보통 뒤통수가 튀어나온 걸 짱구라 하는데 짱구가 좋은 것이다. 뒤짱구는 재산이 많고 노년이 좋다고 보고 있다.

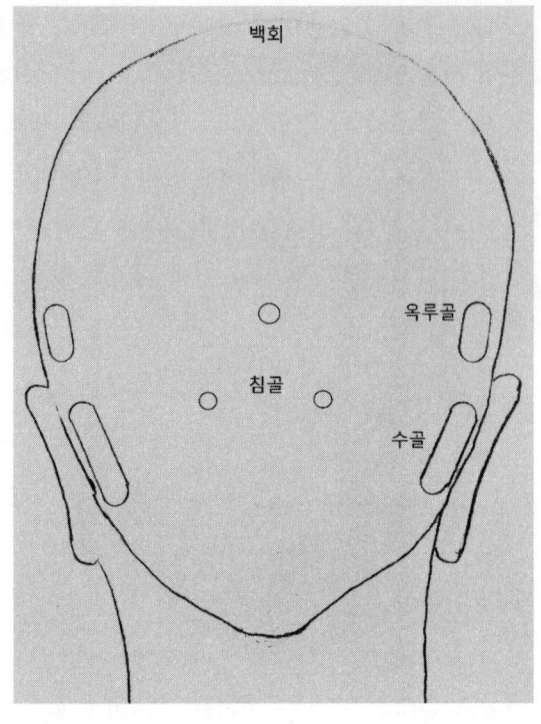

뒷머리가 밋밋하다면 침골이라도 있는 것이 좋다. 뒷머리 중에서 중앙에 침골(枕骨)이 있다. 침자가 베개 침(枕)자다. 말을 직역하자면 베개뼈 이런 뜻이 된다. 베개를 베고 반듯이 누웠을 때 베개가 닿는 딱 그 자리다. 그래서 베개뼈다. 베개가 닿는 자리니 거의 중앙부 내지 중앙부 보다 조금 아래거나 그렇다. 이곳에 품(品)자형 뼈가 있으면 복있는 후면이다. 침골이 두드러지게 있는 경우는 잘 없고 있다해도 머리카락에 가려져서 안 보인다. 손으로 만졌을 때 머리가 둥근데 침골이 있는 부위가 각이 져서 겨우 위치만 알 수 있는 정도가 보통이다. 침골의 뼈 기운이 살아있다면 복이 있다. 침골이 있는 후두부를 후두엽이라 하며 후두엽은 시각 정보를 처리하는 역할을 한다.

뒷머리 중앙부에 침골이 있다면 변두리에도 중요한 이름이 있는 뼈가 있는데 귀 뒤의 튀어나온 뼈를 수골이라 한다. 수자가 목숨 수자 수골(壽骨)이다. 목숨뼈란 뜻으로 이것이 발달하면 타고난 명이 길다.

귀 위의 뼈는 옥루골인데 높은 관직을 한다고 하는데 직업운이 좋다.

머리 가장 높은 곳인 정수리의 백회혈이 발달하면 인품이 고상하고 훌륭하다.

머리뼈는 밋밋하거나 죽은 것보다 발달한 것이 좋다


## 큰 꿈을 꾸는 자 색을 다스려라

자고로 남자는 세 부리를 조심하라고 했다. 그중에 허리하학의 이 물건은 참으로 오묘한 곳에서 자신의 존재 가치를 알린다.

사람을 포함한 모든 동물은 서로 이성에게 끌리게 되어있다. 그리고 그 감정은 본능 중에서도 가장 강력한 인자를 구성하고 있다. 그래야만 생명이 영속성을 갖고 자신의 유전자를 계속 남겨서 후대에까지 자신의 종이 멸종하지 않고 생명을 이어 갈 수 있기 때문이다. 그런데 자신의 유전자를 후대에 남기는 방법이 문제가 되었다. 아무리 잘하더라도 자신만큼 될 것인데 그 이상 발전하기가 힘들다. 이에 암수를 만들어 둘 중에 더욱 가치 있고 우월한 것을 취할 수 있는 방법을 찾아냈다. 아직도 극히 일부 곤충 등에서 암수 없이 양성 생식을 하는 경우가 있지만 대부분 모든 생물은 암수 구분을 지어서 이 둘이 합쳐져서 생명이 만들어지도록 진화해 왔다. 이 방식이 우월한 장점이 많기 때문이다.

암수가 같이 생명을 만드는 이 방식은 아주 고약한 단점이 하나 있으니 반드시 상대가 되는 짝이 있어야 한다는 것이었다. 반드시 짝이 있어야 하는데 그 '반드시' 있어야 한다는 그것 때문에 그게 살아가는데 큰 문제가 되고 있다. 짝이 없으면 세상 그 어떤 비상한 재주와 능력이 있어도 자신의 유전자를 남길 방법이 없다. 이에 남자(수컷)는 자신의 유전자를 다음 세대로 전해줄 수 있는 여성(암컷)을 찾아 자신의 모든 것을 갖다 바치는가 하면 일부 곤충은 자신의 생명도 마다하지 않는다. '당신이 나의 태양입니다!' 가히 절대적인 존재가 된 것이다. 이에 남자는 자신의 씨를 물려줄 여성을 찾는데 있어서 필요 이상의 과당경쟁이 생겼다. 돈이 많아서 잘 키울 수 있는 능력을 증명해야 되며 힘이 세서 우수한 존재라는 것도 확인시켜야 되었다.

그 결과 역전현상이 빚어졌다. 분명 아기를 만들 수 있는 여성이 더 우월적 존재여야 하지만 남자가 힘도 더 세고 사회적 활동도 남자 쪽에서 담당하다 보니 여성은 본질적 우월성에도 불구하고 현실에서는 주로 약자로서 피해를 보게 된 것이다. 하지만 여성측에서도 당하기만 하는 것은 아니었다. 그 강력한 본능적 인자를 이용하여 상대를 끝장내버리는 방법을 고안했으니 씨앗을 바꿔치기 하는 방법이다. 이 방법에 있어서 남자는 속수무책이다. 2세의 생명은 여성의 몸에서 만들어지기에 그 생명의 씨앗을 바꾸어 버리면 결국 남자는 빈껍데기만 남게 된다.

암수의 본능에 기인한 행동을 생활에 이용하는 방법이 있다. 이른바 미인계다. 얼마 전 한 지방 신문에 재미난 기사가 하나 실렸다. 경남 김해시 진영읍에서 황소 두 마리가 축사를 탈출했다. 갖은 방법을 다 써도 못 잡고 9개월 동안 소 주인의 마음고생은 이만저만이 아니었다. 하지만 암소를 이용해 숫소를 끌어들이는 미인계 한방으로 손쉽게 잡았다.

가끔 정치인은 미인계를 이용하여 정적을 끌어내리는 방법을 썼다. 또한 한국이라는 특수한 환경을 이용했는데 두 가지 방법 즉, 색깔론(공산주의)과 색(허리하학)의 문제를 걸고넘어지면 속수무책이었다. 둘 다 붉은색이다. 참으로 색스런 세상이다. ㅎ.

이 색이란 신비로운 존재는 너무 오묘하여 측량이 어렵다. 보통의 방법으로 도저히 불가능한 일을 미인계 한방으로 끝내는가 하면 굳이 그렇게 인위적 방법을 안 쓰도 그 덫에 걸리는 경우도 생긴다.

최근 미투(me too) 운동이 들불 번지듯 이 사회를 휩쓸고 있다. 그동안 여성이 남성의 성폭력에 당하기만 했는데 더 이상 참지 않고 반격을 시작한 서막이었고 이제 하나의 문화현상으로 이 사회의 질서를 재편하고 있다. 이미 하나의 사회적 흐름을 형성한 것으로 보인다. 하지만 일시적인 사회 환기는 될 지언즉 성범죄나 성폭력에 의한 완전한 해결책은 못된다.

성폭력은 인류의 기원 아니 모든 동물의 시초에서 부터 시작 되었다. 사회가 아무리 변해도 암수 짝의 구분이 있는 동물이라면 이 본질적 문제는 변하지 않을 것이다.

첫째 그 동기가 강력하다. 본능에 뿌리를 두고 있기에 인류 시초만큼 오래 되었고 강인한 생명력이 있다.

둘째 남자들이 성범죄에 대해서 죄의식이 약하거나 없다. 성범죄자가 일반적으로 악질 그런 사람이 아니다. 교통경찰이 없어도 신호를 지키고 남의 돈을 의도적으로 도둑질하는 그런 인간들이 아니라 평범한 보통 사람들이다.

왜 죄의식이 약한가?

우선 그 피해가 물질이 아니다. 돈을 빼앗았다 생각하면 그 사람한테 미안하지만 성범죄는 실질적 피해가 없다. 피해가 없거나 마음먹기에 따라 서로 즐기거나 그렇다고 생각한다.

유부남의 불륜도 부인에게 그게 의리상 미안한 것이지 죄책감에 시달리는 그런 게 아니다.

물질적 육체적 피해가 없는 경우도 있고 주된 피해가 마음에 있는데 그걸 가해 당사자가 헤아리기 어렵다.

성범죄 해결?

완전한 해결책은 없고 사회 계도와 성교육 등으로 문제를 최대한 줄이는 게 답이다.

사회 저명인사가 과거의 성추문으로 한순간에 날아가는 경우가 생긴다. 한고조 유방은 대풍가(大風歌)에서 '큰 바람이 불어오니 구름이 날린다'고 했다. 큰 바람을 꿈을 꾸는 자 색바람을 조심할지어다.

### 유비의 인물론과 조자룡의 충의

조운(조자룡)은 당양벌의 장판파 전투에서 무인지경을 내달리듯 적진을 헤집고 다녔다. 후퇴를 거듭하며 도망치는 길에 뒤쳐져 헤어진 미부인과 아두(유선)를 찾고 있었다. 미부인과 아두를 찾았을 때 미부인은 다리를 다쳐 거동이 불편했다. 자신으로 인해 모두가 죽을 것을 염려하여 스스로 우물 속에 뛰어들어 아들 아두만이라도 구할 수 있게 했다.

조자룡은 조조의 10만 대군에 맞서 적진에 침투할 당시 단기필마에 일기단창이 전부였지만 일기당천의 실력으로 대나무를 쪼개듯 거침없이 내달리며 활로를 뚫었다. 조자룡은 그렇게 해서 적진의 수중에 떨어진 유비의 아들 유선을 구했다.

유비는 조자룡으로 부터 자신의 아들을 받아들고는 곧 내팽겨 쳤다.
—유비의 뒤를 이어 촉의 2대 군주가 된 유선이 멍청한 군주가 된 것은 이때 머리를 다쳐서 그렇다나 어쨌다나… ㅎ….—
"이깟 자식 새끼 하나 구하자고 자룡이 목숨 걸고 적진을 헤매고 다녔던 것이오? 하마터면 죽을 뻔 하지 않았소."

유비는 독특한 인물론을 지녔다.
"처자는 의복과 같고 형제는 수족과도 같다. 의복은 떨어지면 꿰맬 수 있지만 수족은 떨어지면 다시는 돌이킬 수 없다"

전장의 장수는 또 구하면 되지만 자식은 하나뿐이니 귀하다. 하지만 유비의 생각은 달랐다. 처는 또 구하면 되고 자식도 또 낳으면 되지만 형제(장수)는 한번 잃으면 영원하다. 유비에게 형제는 자식보다 더 귀한 그 이상이었다. 일반적 생각을 벗어난 역발상이다. 그의 이런 독특한 사고가 촉나라를 건국하는 유비를 만들었다.

조자룡은 평생 유비를 위해 헌신했다. 무인 최고의 영광은 전장에 죽어서 들것에 실려 고향에 돌아가는 것이라지만 자룡은 출중한 실력과 의리를 겸하고 있었기에 천수를 다했다.

삼국지 최고의 인물은 현자 공명도 아니고, 죽어서는 신으로 군림하는 관우도 아니고, 무와 충을 겸비한 상산땅의 조자룡이다.

남자는 자신을 알아주는 사람을 위해 목숨을 바친다.

### 열미초당필기(閱微草堂筆記)

어느 여름밤 휘영청 밝은 달빛을 받으며 서생이 자물쇠가 잠겨있는 악비(岳飛)의 사당을 지나고 있었습니다. 그런데 갑자기 자물쇠가 저절로 열리면서 흰옷을 입은 선비 한 사람이 나오는 것을 보았습니다. 서생은 그가 신명(神明)인 줄 알고 예의를 갖춰 절을 올렸습니다.

"신령님 소인의 절을 받으십시오."

"나는 서생의 절을 받을 만한 높은 신이 아니오. 다만 우변사경(右邊司鏡)의 말단 관리로서 장부를 보내느라 여기에 왔소."

그러면서 그는 서생을 부축해 일으켰습니다.

"외람되지만 사경(司鏡)이란 것이 무엇인지요? 혹여 선악을 비춰 본다는 업경을 말씀하시는 건지요?"

"차이는 별로 없습니다. 그러나 업경은 사람이 지은 선악을 비추지만, 그것은 표면으로 나타난 행실밖엔 볼 수 없지요. 왕왕 겉으로는 기린이나 봉황처럼 당당하지만 내심은 오히려 도깨비 같은 사람이 많습니다. 사경은 그 내심을 보지요."

"그렇다면 사경은 마음 깊이 은닉되어 자신도 미처 깨닫지 못하는 미세한 변화까지 비춰 낼 수 있다는 건지요?"

서생은 갑자기 오한이라도 든 듯 목소리가 떨려 나왔습니다.

"그렇습니다. 사람 마음속의 미세한 변화는 기복이 무상한 각종 겉치레로 깊이 숨겨져 있어, 때로는 악행을 저지르고도 발각되지 않아 평생을 버젓이 잘살고 있는 사람이 있습니다. 그런 것을 막기 위해 하늘의 신들이 상의하여 업경을 왼쪽대로 옮겨 소인(小人)을 비추고 심경(心鏡)을 오른쪽 대에 설치해 군자(君子)를 비춰, 두 거울의 둥근 빛이 좌우에서 마주쳐 그곳을 지나는 사람들의 내심을 통찰할 수 있게 했습니다."

말을 계속 이었다.

"집요한 사람, 사악에 치우친 사람, 시커먼 사람, 굽은 사람, 대변처럼 더러운 사람, 진흙처럼 혼탁한 사람, 내심이 험악하지만 가려져 안 보이는 사람, 맥락이 좌우로 관통해 권세에 빌붙는 사람, 가시나 칼 같은 사람, 벌, 전갈, 호랑이, 늑대 같은 사람도 있습니다. 또 높은 벼슬아치를 추구하는 영상이 드러나기도 하고 금은보화의 상이 나타나기도 하며, 심지어 은은하게 춘화(春畵)의 상이 드러나기도 합니다. 그러나 그들은 모두 겉으로는 도덕군자인 체 하고 살아가고 있습니다. 그중 진주처럼 윤택하고 수정처럼 투명한 사람은 천 명, 만 명에 한둘 있을까 말까 합니다. 나는 그것을 심경 옆에 서서 일일이 기록하고 있습니다."

"그래도 그 빛을 피해가는 사람이 있겠지요?"

"그렇지 않습니다. 그 둥근 빛은 하늘과 땅 사이를 가르고 있어 그 누구도 벗어날 수 없습니다."

"마치 저 작은 달빛이 온 세상을 비추듯이 말이지요?"

서생은 유유히 흰 구름 사이를 지나가고 있는 둥근달이 예사롭지 않다는 듯 그 달을 가리켰습니다. 그리고는 호기심이 가득 찬 눈으로 하늘의 관리를 바라보며 말했습니다.

"혹여 그 동안에 신령님의 기록에 의해 화복 판정을 받은 사람이 있는지요?"

"아마 명망이 높을수록, 수단이 교묘할수록 징벌이 더 엄한가봅니다. 내 오늘 서생을 만난 것도 인연이니 한 가지만 이야기 해 주지요. 춘추(春秋)에 노나라 240년 역사가 기록되어 있습니다. 그중에는 가증스러운 인물도 적지 않습니다.

백이(伯夷)의 묘 사당이 벼락을 맞아 부셔졌는데 이것은 하늘이 전이(展禽, 유하혜)를 숨겨준 것에 대해 징벌한 것입니다. 이 사건을 잘 기억해야 할 것입니다."

그리고 그 관리는 오간다는 말도 없이 사라져버렸습니다.

서생은 집에 돌아온 후, 하늘관리의 가르침을 받들어 도광황제가 쓴 편액을 하나 청하여 걸고는 자기가 거주하는 방을 마음의 본성을 살핀다는 뜻의, '관심(觀心)'이라고 불렀습니다.

**기효람(紀曉嵐)**

청의 관리로서 사고전서(四庫全書)를 편찬했고 퇴직 후 십여 년간 그가 겪은 각종 이야기를 엮어서 '열미초당필기(閱微草堂筆記)'를 지었다.
위 내용은 그 이야기 중의 하나로 대부분의 글이 잉과응보의 법칙을 따른다.


## 타고난 운명

### 임금이 내려주신 쌀과 고기

성종이 눈이 내리는 달밤에 평복을 입고 남산아래에 이르렀는데 어느 오두막집에서 책읽는 소리가 들렸다. 임금이 복건과 도복 차림으로 문을 열고 들어가니 주인이 놀라 일어나며 물었다.
"어떤 손님이시길래 이렇게 깊은 밤에 여기까지 오셨습니까?"
성종이 "우연히 지나가다가 글 읽는 소리가 들리길래 들렀소이다."
하고는 읽고 있는 것이 무엇인지 묻자 〈주역〉이라고 대답했다.
성종이 그와 더불어 문답을 해보니 대답이 물 흐르듯 막힘이 없었다.
성종이 나이를 물어보자 "쉰 살입니다만 운수가 기박하여 과거에 몇 번이나 떨어졌습니다." 했다
그가 써놓은 글을 청하여 본 뒤 성종이 말하였다.
"이만한 재주가 있는 사람이 아직도 과거에 급제를 못하였다니 이는 시험관의 잘못이구려."
"팔자가 궁박한 탓이지 어찌 시험관을 원망하겠소?"
"모레 별시가 있다던데, 혹 들어보셨소?"
"아직 듣지 못했습니다. 언제 영이 내려졌나요?"
성종이 "얼마 전에 내려졌다오. 힘을 다해 별시를 보시오."
하고는 작별하고 그 집을 나왔다. 그리고 시종에게 쌀 두 섬과 고기

열 근을 그 집에 가져다주게 하였다. 그리고 궁궐로 돌아온 뒤 즉시 별시를 열라는 명을 내리고 그 사람이 써놓은 글 가운데에서 손수 출제하였다.

제출된 답안지 가운데 과연 그날 보았던 것이 있었다. 성종은 그것을 장원으로 뽑아놓고 급제한 사람을 불러보니 지난날 밤에 만났던 선비가 아니라 한 소년이었다.

성종은 의아한 생각이 들어 물었다.
"이 답안지를 네가 작성한 것인고?"
"소신의 스승이 작성한 초고 가운데 있는 내용이옵니다."
"네 스승은 어찌 과거에 응시하러 오지 않았는고?"
"오랜만에 쌀밥과 고기를 포식하고서는 갑자기 관격(급체로 가슴이 막히고 정신을 잃는 위급한 병)이 들어 올 수 었었나이다."
성종은 한동안 말없이 있다가 그 소년을 물러가게 하였다.
그 선생은 임금이 내려준 쌀과 고기를 주린 배에 지나치게 포식하여 병이 난 것이다. 이 어찌 운명이 아니겠는가!
그 선비는 그 뒤 다시 일어나지 못하였다고 한다.
(동락패송)


팔자가 궁박하면 나라님이 나서서 도와줘도 안 된다.
자기의 운명은 자신의 노력으로 이룩해야지 남이 도와주는 데는 한계가 있다.



## 갈등(葛藤)

갈등은 서로간의 이해 충돌이 뒤엉켜 풀리기 어려운 문제에 봉착했을 때의 상황을 뜻한다. 또한 목표나 감정적 정서 등의 모순된 충돌의 의미를 지닌 개인이나 집단의 상황도 이렇게 표현한다.

갈등의 갈(葛)은 칡나무 넝쿨을 말하고 등(藤)은 등나무를 말하는 것인데 칡은 오른쪽으로 휘감아 올라가고 등은 왼쪽으로 휘감아 올라간다. 서로 반대방향으로 휘감아 올라가니 만약 이 둘이 서로 뒤엉

켰을 때는 끝없는 충돌로 도저히 해결될 가망성이 없다.

휘감는 방향은 모양 따라 그 상황에 맞추어서 정해지는 것이 아니고 항상 일정한 규칙이다. 둘 다 콩과의 식물이지만 왜 이렇게 회전방향이 정해진 것인지 현대 과학도 그 이유는 모른다. 그저 신이 정한 자연의 섭리다. 회전방향 결정의 주된 이유는 모르지만 그 결과를 추정할 수 있는 단서는 있다. 개별 나무를 살피는데 어려움이 있으면 숲을 봄으로서 전체 흐름을 살피는 방법이다.

**칡넝쿨**. 한국 산하 어디든 칡은 흔해서 칡넝쿨을 살피기는 쉽다.

칡은 오른 회전을 하는데 이는 태극이 도는 방향이며 시계방향의 회전이다. 이 방향의 회전이 전체 사물의 회전 방향의 90% 이상을 차지한다. 유전자의 DNA 방향의 97%가 바른쪽 방향이고 연체동물인 달팽이, 소라고둥 등의 감긴 방향도 이 방향이며 오른손잡이가 90% 이상이며 칡, 나팔꽃, 메꽃 등이 오른 방향 회전을 한다. 쉽게 말해서 칡넝쿨의 오른쪽 회전이 주류다. 기의 흐름도 오른쪽이므로 오른 회전은 기운을 증가시키기 때문에 배가 아플 때 주무르는 회전방향도 오른쪽 방향이 더 효율적이다.

이제 등나무를 대표하는 왼 회전을 살펴보자.

등나무, 인동, 한삼덩굴 등은 왼 돌이다. 왼 회전을 하는 사물은 많지 않다. 이걸 확장해보자. 한국은 칡이 많다. 대한민국의 온 산하는 칡이 많아서 약으로도 사용하고 녹말을 추출하여 칡냉면 등의 식품에도 사용된다. 그만큼 우리산하 어느 곳이든 흔하다. 반면 등나무는 귀하다.

**등나무.** 사진은 무주 공설 운동장의 등나무다. 운동장 벤치의 지붕을 등나무로 장식한 특이한 경관을 자랑한다. 사진 제공 형일성 님.

일본은 우리와 달라 등나무가 주류다. 일본은 삼나무를 타고 오르는 등나무가 일본 전체의 주류를 잡고 있다. 일본도 칡이 없는 것은 아니나 이상하게 칡은 번식력이 약해서 잘 자라지 않는다.

일본은 한국과 이웃나라지만 문화나 모든 게 많이 다르다고 한다. 이것은 단지 사람이 달라서 다른게 아니고 근본적으로 땅에서 비롯된 토양이 다르고 천지에서 비롯된 기운이 다르니 그 환경에서 비롯된 국가의 기운도 다르다. 이웃 일본이니 비슷할 것 같아도 근본적으로 다른 것이다.

한국은 일반적인 흐름을 따르는 주류라고 볼 수 있고 일본은 소수의 왼돌이다. 참고삼아 말하면 미국은 칡의 번식력이 너무 좋아 산림을 해치는 유해 식물로 지정한 상태다. 즉 미국도 우리와 같은 주류의 흐름이 잘되는 환경이다.

어느 것이 더 좋다 그렇게 말할 수는 없지만 한국은 주류고 일본은 비주류인 셈이다. 한국은 온건한 보수가 잘 맞고, 특이한 것은 일본에서 성공하기가 쉽다.

갈과 등은 사실 기운이 달라서 한곳에서 동등하게 같이 자랄 수 없다. 그러니 갈등이란 풀기 어려운 문제의 상징적 의미다.

한국은 각 계파가 많다. 청산되지 못하는 친일파가 있고, 힘 있는 자에 기대는 친미파도 있고, 종북주의자도 있고, 홍익인간의 민족주의자도 있다. 이런 다양함은 나라가 어려울 때는 사분오열하는 난장판이 되지만 뛰어난 지도자가 있어 이 모두를 포용하는 덕있고 능력 있는 인물이 있다면 더욱 풍성하고 다양한 문화를 공존시킬 수 있는 다채로운 국가를 만들 수도 있다.

칡과 등나무가 뒤엉킨 것 같은 갈등을 해소할 리더가 절실한 시점이다.

어떤 인물이 그런 일을 해낼만한 지도자인가?

## 안전사고 불감증은 민족성이다

한국은 사고 공화국이란 말이 있을 정도다. 각종 사건 사고가 끊이지 않는다.

사건이야 우리나라만 그런 것이 아니라 총기가 많은 미국은 총기 사고가 심심찮게 발생한다. 그런걸 보면 사건 사고는 어느 나라나 있다. 하지만 사고 특히 안전사고는 외국과 달리 유독 한국에 많은 편이다. 큰 사고가 나면 냄비 끓듯 금방 파르르하고 곧 잊어버리고 얼마 지나지 않아서 그런 안전사고가 반복되고 이런 식이다. 이런 안전사고 중에서 세월호 사건은 정치적 사안과 맞물리면서 유독 큰 이슈가 되었다 그 전에도 백화점이 무너지고 다리가 끊어지고 이런 사고가 많았다 이런 사고들은 모두 안전의 기본을 지키지 않았기 때문이며 이는 우리의 민족성에서 기인한다.

우리나라를 백의민족이라고 말한다. 우리나라는 북반구형이 많은데 시베리아 설원이 주 활동 무대였다. 모든 게 백색인 설원이 익숙해져 있어서 흰옷을 즐겨 입어서 백의민족이 되었고 흰색 아니면 검은색 혹은 회색의 무채색이 익숙하다. 살아가는 방식은 거의가 사냥이다.

사냥은 열매나 농사로 생활하는 것보다 훨씬 열악한 환경으로 생존환경이 혹독하다. 사냥은 동작이 빨라야 된다. 때로는 그 사냥 대상물에 자신이 목숨을 잃기도 한다. 그러니 생사가 순식간에 결정되고 꼭 죽지는 않더라도 크고 작은 부상으로 다치는 일이 흔한 일상이었다. 그러니 피를 보거나 다치는 것은 물론이고 죽음도 쉽게 접하는 환경이었다. 죽음을 슬퍼하지만 며칠 후면 툭 털어버리고 다시 일상에 전념하는 그런 환경이었다. 그러니 누군가 죽었다 해도 죽음으로 일손이 없어진 것이 아쉬울 뿐이고 죽음은 그저 일상이었다. 이런 환경이 오랫동안 우리를 지배해왔고 그건 민족성으로 굳었다. 그러니 죽음이 서양처럼 충격적이지 않고 그저 흔한 일상이니 경각심이 덜한 것이다. 다만 생사에 관여된 일이 자신에게 직접 일어날 때만 심각하게 받아들인다.

피를 보거나 죽음도 쉽게 접하는 일상의 생활환경이라면 누군가 사건 사고가 나도 의례히 그러려니 하게 된 것이다. 지금은 저출산 시대를 맞이하여 인구부족이 심각한 국가문제로 대두되고 있다. 이런 환경에서는 생명 하나하나가 소중하고 중요하다. 살아가는 환경이 변한 것이다.

## 역리(易理) 단상

### 우리사는 세상은 물질계다

물질이 얼마나 많으냐로 승부가 결정난다 돈은 중요한 물질이다 가치란 것도 마음이란 것도 물질에 기반을 둔 것으로 물질이 얼마나 에너지 있느냐로 판가름 나며 뭔가 괜찮아 보이는 그런 것들도 결국 객관적 기준으로 그 물질이 얼마나 가치 있느냐로 귀결된다. 삶도 결국 여기에 따라간다.

몸에서는 뼈의 기운이 강한 것이 가장 근본적 기운이 강한 것으로 볼 수 있는데 골기가 강한 것이 몸의 물질이 강한 것이니 몸의 에너지가 우수한 것이다.

물질은 곧 에너지의 집합체다.

### 잡초

강한 것을 잡초라 한다. 끈질긴 생명력이나 잘 죽지 않는 풀을 흔히 잡초로 표현하지만 사실 아주 약한 것이 잡초다. 한없이 약하다.

연약한 들풀(잡초)은 자력의 힘이 없으니 지혜로 살아간다. 민들레 같은 경우는 홀씨 되어 바람결에 날려서 이동을 하고, 때로는 타 동물의 배설물이 되어 이동하며 때로는 동물의 털에 붙어서 그렇게 생명을 퍼트린다. 그게 좋아서 그런 것이 아니라 자력의 힘이 없으니 타의에 의해서 이동을 한다.

사람은 특이한 경우다. 능력 있는 사람은 지혜도 갖추었고 힘이 없는 사람은 지혜도 없으면서 자존심은 강해서 남에게 도움을 요청하지도 않는다. 그래서 빈익빈 부익부의 현상이 가중된다. 때로는 타인에게 청하는 사소한 부탁이 삶의 전환점이 되기도 한다.

우리가 잘 살아가려면 잡초가 살아가는 지혜를 배워야 한다.

### 웬수와 빚쟁이

마누라는 전생에 웬수지간이다. 그래서 이번 생에서 서로 간에 맺힌 것을 풀고 살라고 사랑이란 걸 넣어서 부부로 맺어줬다. 하지만 싸움으로 화를 더 키우기가 쉽다. 혹은 이혼으로 또 다음 생으로 이월되기도 한다. 웬수는 외나무다리에서 만난다. 그러니 피할 수 있는 방법이 없다. 반드시 만날 수밖에 없기에 운명적인 인연이라고 하며 만남을 통해 차후에 이루어지는 필연적인 변화의 과정이 결혼이다.

자식은 전생에 빚쟁이다. 그래서 이번 생에서 그 빚을 갚기 위해 평생 노력한다. 자식이 입고, 자고, 쓰고, 먹는 모든 것을 제공해준다. 그래도 그 빚을 다 갚지 못해서 죽으면서 자신의 전 재산을 물려준다. 말하자면 그걸로 모든 빚을 청산하고 퉁치는 걸로 하자는 것이지만 그래도 빚을 다 갚지 못하니 자식에게 애틋한(미안한) 마음이다.

### 얼굴 점(點)

'얼굴에 있는 점 치고 좋은 점 없고, 몸에 있는 점 치고 나쁜 점 없다'는 말이 있다. 또한 '숨겨진 점은 좋은 점이고 겉으로 드러난 점은 나쁜 점이다.'는 말이 있다.

점은 에너지의 흠결이다. 점은 에너지를 증폭시키거나 축소시키는 이상 파장인데 겉으로 드러난(양)부위는 흠결로 작용하고 숨겨진 부위(음)에 있는 것은 에너지의 증폭작용으로 더 좋은 것으로 보는 경향이 있다.

얼굴점 중에 좋다고 볼 만한 점이 있다.

볼의 점 : 머슴점이라고도 한다. 일복이 많다는 점이다. 굶어 죽을 걱정은 없다.

콧구멍 바로 아래에 있는 점 : 재물의 창고지기 역할을 한다. 재물운이 좋다. 식록에 점이 있는 경우다.

눈썹 점 : 머리가 명석하다. 눈썹 속에 숨은 점은 지혜가 있다.

입술점 : 먹을 복이 있다. 여성은 냉증이 있거나 성적인 결함이 있다는 말도 있어서 길흉이 갈린다.

### 모든 일은 시작의 기운이 중요하다

무엇이든 시작시의 기운이 그 일의 전체 운세를 좌우한다.

장사 개시의 첫 손님이 그날의 매상을 좌우한다.

이사날 등의 택일은 그 집에서 사는 동안의 집의 운세를 결정한다.

출생시의 기운으로 한 사람 전체의 운명을 예측하는 것이 사주다.

하루의 운세는 일어났을 때 결정된다. 상을 보는 시각은 새벽이라는 말이 있으나 자신이 자고 일어나서 처음 기운을 차릴 때다.

1주일의 운세는 월요일이 중요하다.

1달은 첫째 날이 전체에 영향력이 있다

1년은 새해 첫날의 운세가 중요하다. 설날 해맞이 소원 빌기 등은 그 나름의 가치가 있다.

아침(새벽)에 눈뜰 때 '오늘은 왠지 좋은 일이 생길 것 같은 날' 그런 기운을 자신에게 보내는 것이 좋다.

밤새 좋은 꿈을 꾸고 나면 그 기억이 남아서 막 깨어날 시점에 좋은 기운이 형성된다. 이는 자연스럽게 좋은 일진으로 연결된다.

무엇이든 시작을 잘하자.

### 세상이 변하니 관상의 관점도 변한다

개화기 때 외국 선교사가 이 땅에 처음 들어왔을 때였다. 여가 시간에 테니스를 치고 있었는데 벌써 상당히 오랫동안 했는지 상의는 땀에 흥건히 젖어 있었다. 그 모습을 멀찍이서 지나가던 한 양반이 보고서 혀를 찼다.

"하여간 양것들이란 생긴 것도 괴팍하고 하는 짓도 별스럽네, 저 힘든 걸 하인 시키면 되지 미련하게 자기들이 직접하고 있네 그려."

양반은 힘든 일을 하지 않는다.

동서양 할 것 없이 고대 사회는 신분제였고 힘든 일은 하인이 하고 상류층은 하인들을 관리 감독하는 것이 주 업무였다. 옛날에는 아무 것도 안하고 무위도식하며 먹고 노는 것이 좋은 팔자였다. 좋은 팔자 중에 이성에게 인기 있는 것도 좋은 팔자 중에 하나 일 것이다. 인기가 있다는 것은 남들이 부러워하는 것인데 여기에는 이성에 대한 것도 포함된다.

남자든 여자든 노래를 잘 부르면 이성에게 인기가 있다. 아름다운 목소리를 지녔다는 것은 그 자체가 하나의 도화살이며 이성에 대한 매력이다. 노래를 잘 부르려면 혀가 얇아야 된다. 얇아야 혀가 원활하게 잘 돌아가서 다양한 소리를 많이 낼 수 있기 때문이다. 그런데 관상학에서는 혀가 얇은 것을 나쁘게 본다. 혀는 두터워야 복 있고 좋은 것이다. 굳이 노래하지 않고 가만히 있어도 인기 있고 돈도 많고 이성도 많고 좋은 것이다.

현대는 돈이 많아서 아무것도 안하고 가만히 있는 것이 아니라 돈이 있어도 적극적으로 움직이고 활동하는 것이 좋은 팔자다. 레저와 스포츠를 결합한 레포츠는 일반 운동보다 돈이 더 들어가기에 레포츠를 즐긴다면 능력 있고 좋은 팔자다. 하지만 옛날기준으로 본다면 레포츠는 고생하는 팔자다. 물론 옛날에도 뱃놀이를 하고 풍류도 즐겼다. 하지만 그것들은 광대가 그들을 즐겁게 하는 것이지 굳이 힘들거나 위험하게 무엇을 직접 하는 것이 아니다.

복 있고 좋은 상 중의 하나로 오래 사는 것을 최고로 꼽는다. 오래 살려면 적당한 운동으로 충실하고 탄탄한 몸매가 되어야 가능하다. 즉 밋밋한 체상보다는 탄탄한 몸매가 인생 전체로 볼 때 더 좋은 상이라는 말이 된다. 또한 힘든 노동이란 순전히 육체적 노동만 의미했다. 하지만 지금은 정신노동도 육체노동 이상으로 힘든 일이 많다.

관상학이 변한 것이 아니라 세상을 보는 관점이 변한 것이다. 무조건 무위도식하는 팔자가 좋은 팔자가 아니라 자신이 진정 행복하다면 그것이 좋은 팔자다.

## 사족(蛇足) 그리기

### 생활의 기술

냉장고 속에서 뭔가를 꺼내 먹을 때 절대로, 절대로 다른 걸 살펴와서는 안 된다.

우연찮게 야채 칸을 열었더니 비닐봉지 안의 어떤 채소가 짓물러 가는걸 보더라도 못본척 해야 한다.

마요네즈 튜브통에 1년전에 끝난 유통 기한이 적혀있더라도 모른척해야 한다.

냉동실에서 비닐에 쌓인 6년전 은행알이 나오더라도 못본척 해야 한다. 이건 유통기한이 안 적혀 있으니 이 얼마나 다행한 일인가.

결혼하면서 냉장고와 세탁기를 사온다면 감사해야 한다. 결혼해 준다는 것만 해도 대단한데 그것들은 덤이다.

김치를 담을 줄 몰라도 그걸 문제 삼지 않아야 된다. 일 년에 한 번 하는 것인데 내가 하면 되지 않겠는가.
　직장 다니며 밥까지 한다면 감사해야한다. 직장 다니며 애까지 돌보지 않는가!
　어쩌다 회식으로 귀가가 늦더라도 이해해야 된다. 자고 오는 것도 아니고 단지 좀 늦는 것 아닌가.
　집안이 좀 지저분해도….
　성격이 좀 까탈스러워도.
　처가가 잘 살지 못하더라도….
　그것들은 나의 결함으로 비롯된 것일지니.
　처화만사성(妻和萬事成)! 처와 화목하면 만사가 여의하다.
　이 모든 것은 마누라가 훌륭해서 그런 것이 아니라 단지 무서울 뿐이다. ㅎ.

# 제5부
## 인물(人物) 실관(實觀)

실제 인물의 사례를 통한 관상공부가 목적이다.
아주 좋거나 나쁘거나 혹은 특정부위가
아주 넓거나 좁은 경우 그 기능이 우수하거나
아주 취약한 경우 혹은 실제 그 생활에 있어서
관상의 특정부위에 따른 영향력 등을 살펴보고자 한다.
공부를 공부로 생각하고 외우기보다 관상의 원리와
이치를 생각해보고 자연스럽게 익힐 수 있으면 제일 좋다

# 인물(人物)실관(實觀)

## 이순신 장군의 실물을 찾아서

이순신 장군의 초상화는 일제강점기까지 우리나라의 곳곳의 장군 사당에 걸려 있었다.

현재 그 일부를 확인할 수는 있으나 원본은 일제강점기를 거치면서 거의 사라졌다. 그 후에 현재의 영정은 제 3공화국 시절에 많이 그려졌다. 유성룡이 징비록에서 쓴 '용모가 단아하고 정갈하였다.(容貌雅飭)'는 묘사에 근거하여 그 이미지대로 그린 것이 월전 장우성 화백이 그린 영정으로 정부에서 표준영정으로 지정한 것이다. 하지만 유성룡의 표현은 너무 간결하여 이순신의 실물을 제대로 살피기가 어렵다.

이에 이신순의 외모에 대한 다른 자료를 살펴 비교해 보니 유성룡의 표현은 상투적 미화로 보인다.

그에 대한 옛 자료들은 거의가 무인답게 생겼다고 말하고 있지만 현재의 영정은 너무 곱상하게 생겼다. 그저 선비일 뿐 무인의 기상을 찾기는 어렵다. 이에 학계 관계자들이 표준 영정의 교체를 촉구하는 성명을 발표하기도 했다.

옛 자료에 나타난 이순신의 외모를 살펴보고 이에 관상적 견해도 언급해보자.

첫 번째는 월전 장우성 화백(1912~2005년)이 그린 표준영정으로 100원 주화에 그려진 얼굴이다. 두 번째는 한산도 충무사 제승당의 영정인데 첫 사진이 문관의 모습이라면 두 번째는 무인으로서 공식 영정이라고 할 수 있다.

첫 번째 이당 김은호의 이순신장군 영정, 1949년작. 한산도 충무사에 봉안됐던 영정이다. 현재 공식 영정보다 시기적으로 앞선다. 두 번째 〈증정중등조선역사〉 1929년 4판에 실린 이순신 초상화.

첫 번째 호랑이 상의 무인의 모습이다. 칭기즈칸의 초상화와 이미지가 비슷하다. 동아대박물관 소장. 두 번째는 KBS 역사스페셜 3부작 이순신편에서 3부 마지막에 소개된 바 있다. 이순신 장군이 생전에 직접 대면한 화가가 가는 붓으로 그린 이른바 사진기법 초상이라 실제 모습에 가장 가깝다는 평가다.

첫 번째는 1938 성재휴. - 통영 착량묘 영정. 큰 체격으로 묘사했다. 두 번째는 현충사 1932. 해군 사관학교 박물관 소장. 두 사진은 이미지가 비슷하다. 의복과 지휘봉을 잡은 손의 모습 등을 볼 때 두 사진은 같다. 시기적으로 두 번째가 앞서는데 다시 그리면서 수염은 간결하게 하고 눈과 눈썹은 무인의 모습으로 그리면서 무인의 기백을 더 표현하고자 했다.

제5부 인물(人物)실관(實觀) 183

이순신과 같은 해에 무과에 합격한 고상안(高尙顔)이 1594년 3월에 한산도에서 이순신의 얼굴을 직접 보고는 남긴 평가가 그의 문집인 태촌집에 전한다.

-중략-

'그리고 나와 동방인 이 통제와 함께 여러 달을 생활해 보았는데, 말솜씨나 지혜로 보아 참으로 난리를 평정할만한 재질을 가졌다. 그러나 용모가 풍부하지 못하고 관상으로 볼 때에 입술이 말려 있어서 내 속짐작으로 복장(福將)은 되지 못하지나 않을까 걱정하였는데, 과연 뒷날 나라에 붙잡혀 가서 문초당하는 형벌을 받았고 또 그 뒤에 다시 기용되기는 하였으나 기용된 지 겨우 일 년 만에 적군의 탄환을 맞아 쓰러졌으니, 고종명(考終命)을 하지 못하였음이 매우 한탄스럽다.'

유성룡은 '공의 얼굴은 아담하여 수양 근신하는 선비와 같지만 마음속에 담력이 있고 웃음이 적었다'고 묘사했다.

이순신의 사위의 배다른 동생인 윤휴는 이순신의 가솔들로부터 그의 용모를 전해 듣고 〈백호전서〉에 기록했다.

'공은 체구가 크고 용맹이 뛰어나며 붉은 수염에 담력 있는 사람이었다.'

보다 후대의 사람인 홍우원도 마찬가지로 이순신을 '팔척장신에 팔도 길어 힘도 세고, 제비턱과 용의 수염과 범의 눈썹에 제후의 상'이라고 기록한 바 있다.

이상의 자료들 중 중요하다 싶은 것을 취합하여 정리하자면,

'용모가 풍부하지 못하고 입술이 말려 있다.

마음속 담력이 있고 웃음이 적었다.

체구가 크고 붉은 수염이다.

제비턱과 용의 수염, 범의 눈썹에 제후의 상' 정도다.

앞서 유성룡의 표현은 그저 미화라고 했지만 외모가 아닌 행동에 있어서 웃음이 적었다는 글은 의미가 있는데 웃음만 적은게 아니고

아마 말수도 많지 않았을 것이라고 짐작할 수 있다. 능변의 소유자는 자연 감정의 표현도 풍부하고 말이 많다보면 웃는 일도 많기 마련이다. 웃지 않는다는 것은 과묵한 성격이다.

관상은 개개의 형상보다 전체 이미지가 중요한데 이순신은 큰 체구에 과묵하고 근엄하여 작은 일에 일희일비하지 않는 스타일이다. 이런 형은 자연 위엄이 있어 보통 사람이 친근하게 다가가 살갑게 얘기 하고 그런게 없다. 그렇게 본다면 이당 김은호 화백의 이순신 영정은 얼굴에 위엄이 없고 하천해 보이니 일단 실제 이미지와 차이가 있어 보인다.

중등 조선역사에 실린 사진도 전체 기운을 표현하는 데는 부족해 보인다. 눈이 크고 전택궁(눈두덩)을 넓게 그렸는데 이런 형은 즉흥적 감정 표현이 좋으며 성격도 밝고 원만한 덕장이니 실제와 차이가 있다. 무패의 전적은 치밀한 계략과 철저한 준비, 상대의 허를 찌르는 전략전술, 어떤 것도 안이하게 생각하지 않고, 의심이 많고 깐깐하고 이런 형이라야 가능하고 이는 지장(智將)의 모습이며 결코 덕장(德將)은 아니다. 날카롭고 깐깐한 원칙주의자이니 주변의 참모나 부하 장수로서는 참 피곤한 상사다.

그가 파면, 백의종군, 감옥 등의 고난의 변천이 많았던 것은 과묵한 원칙주의자로 사교적인 성격이 못되어 주위에 친한 이가 없어 그의 행적을 우호적으로 변론해 주는 지인이 없었기 때문이다. 그저 유성룡이 그의 인물됨을 알아 볼 뿐이었다.

이제 외모를 살펴보자. 먼저 그를 평가한 이들이 그를 보는 시각을 먼저 헤아려볼 필요가 있다. 같은 인물이라도 우호적이냐 적대적이냐에 따라 평가가 천양지차로 갈리기 때문이다.

유성룡은 그의 능력을 헤아렸기에 좋게만 표현했다. 그러니 장점이 있으면 기술했을 텐데 그런 게 없다. 누가 봐도 장군감이라든가 인품이 중후하다든가 그런 것도 없고 그저 얼굴이 아담하다고 기술

했다. 이는 두 가지로 생각해볼 수 있다. 무인특유의 장대한 기백이 보이지 않든가 실제로 두상이 작든가 하는 경우인데 두상이 작다면 체격도 보통 정도일 것이다. 무인이라면 기골이 장대하다 이렇게 했을 텐데 그러지도 않았다. 결과적으로 월전 장우성 화백이 그린 것처럼 무인으로서 특별한 매력도 부족하고 다소 근엄하고 아담한 문인의 모습이다. 어쩌면 장우성 화백이 나름의 자료를 갖고 가장 실물에 가깝게 묘사한 것인데 우리들의 마음속에 위대한 위인으로 기억되고 그에 걸맞는 외모를 흠모해서 과장된 이미지를 원하는게 아닐까 하는 생각도 하게 된다.

고상안이 동기이면서 관상적 견해를 피력했으니 가장 객관적으로 묘사한 것으로 보인다. 입술이 말려있다고 본 것이 특이한 점이다. 반면 윤후와 홍우원은 아랫사람으로서 웃어른을 평가하자니 미화되어 표현되었을 것이다. 특히 홍우원은 '팔척 장신에 용의 수염과 범의 눈썹에 제후의 상' 이런 표현은 고대의 신화적인 인물들의 상투적인 표현인데 삼국지의 관운장을 묘사하는 것 같다. 이말 그대로 믿을게 못되고 다소 과장되었다고 보면 되겠다.

용모가 풍부하지 못한다는 것은 볼이 홀쭉하며 큰 인물들에게서 보이는 호쾌한 기상이 없는 것이다. 그래서 유성룡도 딱히 할 말이 없었을 것이다. 용모가 풍부하지 못하다고 했는데 제비턱은 풍부한 용모의 한 형태이고 용의 수염, 제후의 상 등은 빼어난 기운인데 이것도 풍부하지 못하다는 것과 서로 상반된 주장이다. 그러니까 유성룡과 고상안은 관인팔법의 관상법에 '고괴지상' 정도로 봤다면 잘 본 것이고 '고한지상'으로 봤을 것이다. 그에 비해 후대의 두 사람은 장대한 기골에 제후의 상으로 봤는데 삼도 수군통제사 정도의 직책이라면 제후의 상이 적당할 정도로 보이니 실제보다 그의 위상에 맞추어서 미화되고 과장되었다고 보는 것이다. 체격도 진짜 키가 큰 게 아니고 체상이 두텁고 중후하거나 키가 크더라도 보통 사람 보다 조금 더 큰 정도일 뿐 기골이 장대한 그런 인물로 보기 어렵다.

　수염이 붉다고 했는데 검은색 수염이 나이 들며 흰색 수염으로 변하는데 검은색과 흰색이 뒤섞이며 누런 빛깔이나 붉은 빛깔이 비칠 수 있다. 하지만 근본적으로 순수 한국인은 검은색, 흰색 정도일 뿐 누런색이나 붉은색은 자연색이 아니고 탈색 중 한 과정으로 과도한 스트레스의 증거며 또한 전쟁 중에 먹는 것이 부실하여 영양부족의 한 현상일 수도 있다.

　그는 수군의 지휘자로서 책임은 막중한데 수군의 숫자가 적으니 단 한 번의 패배도 전멸로 이어질 수 있기에 항상 노심초사 했을 것이다. 평소에도 깐깐한 원칙주의자였으며 느긋한 스타일이 아니었다. 탈영이나 군기의 문란에 대해서 군법에 따라 엄히 다스렸는데 원칙주의자이니 당연하기도 했지만 만약 그가 장대한 기골의 호쾌한 덕장이었다면 굳이 깐깐한 군법으로 다스리지 않아도 휘하 장수들이 신임하여 믿고 잘 따랐을 것이지만 그는 인품으로 사람을 다스릴 수 있는 덕성 있는 외모도 성격도 아니었다.

　이상을 종합해 볼 때 그는 독특한 정신세계를 가졌다. 카리스마 있는 외모가 아니니 모든 걸 실력으로 증명해야 되었는데 우선 생각해 볼 수 있는 것이 머리는 명석했다. 하지만 타고난 기개가 있어서 죽음을 두려워하지 않는 것이 아니라 그저 그걸 극복하는 용기가 있었다. 자신이 돌격대의 선봉에 서는가 하면 12척으로 전혀 승산이 없어 보이는 무모한 싸움도 마다하지 않았다. 단순한 지장이라면 이렇게 무모한 방식보다는 야금야금 적선을 박살내는 게릴라 전법을 사용했을 것이다. 또한 그는 탁월한 인내력을 보여줬다. 자신은 전쟁에 이기기만 했고 목숨 바쳐 나라를 지켜냈건만 모함으로 옥에 갇히고 그러면서도 나라(임금)에 대해 원망의 감정을 품지 않으니 그 충정이 어리석을 정도로 굳건했다. 그가 감정이 무뎌서 그런 걸 모르는 게 아니다. 난중일기에는 섬세한 감정 같은 것도 곳곳에 묻어나온다. 더구나 주역점을 친 얘기도 나온다. 점은 미래가 불안하고 뭔가 의지처를 찾고 싶을 때 행한다. 더구나 무장이 점을 쳐서 그 점괘로 미래를 예측하는 경우는 흔하지 않는데 타고난 강한 감정을 지닌 인물이 아니라고 보는 하나의 증거다.

관상에는 이런 성격이나 행동은 이렇게 생긴 형이다 그런 게 있다. 예를 들면 이마가 넓고 반듯하면 윗 상사의 덕이 좋다. 눈 끝이 상향하면 무서운 게 없고 과단성이 있어서 무인의 눈썹이라 칭한다. 콧대가 크면 독선적이고 자신감이 강하다. 입이 크면 욕망이 크다 등등, 이런 기준에 맞춰서 종합적인 외모를 추정했다.

  키와 체격이 평균보다 조금 큰 정도일 뿐 기골이 장대하다고 표현할 만큼 크지 않다.
  성격이 과묵하고 깐깐하며 근엄한 편이다. 전(田)자형 얼굴에 이런 스타일이 많다.
  이마가 반듯하기는 하나 좁다(노무현 전 대통령처럼).
  눈과 눈썹 사이가 붙은 편이며 곡선형 눈썹이다. 즉 전택궁이 좁다.
  눈과 눈, 눈썹과 눈썹 사이도 좁다.
  눈은 긴 눈이거나 삼각안(각진) 일 것이며 둥근 눈은 아니다.
  눈동자가 작은 사백안의 가능성이 있다.
  광대뼈가 발달한 편이다. 광대뼈가 발달한 반면 살은 없어서 뼈가 노출되어 보이는 근골질형이며 볼은 홀쭉하다(전원책 변호사의 볼이 홀쭉하다).
  코등이 뾰족하고 코끝은 아래로 드리워진 형태라서 콧구멍이 보이지 않는다. 근골질 일 것으로 보이는 데 콧등에 살이 없으니 굴곡이 좀 있어 보인다. 즉 약간 매부리코로 코 자체는 결코 작지 않을 것이다. 체력과 정력이 좋아서 병영 중에도 상대한 여성이 많았다는 주장이 있다.
  인중이 짧다. 코와 입사이가 좁은편이다(영화배우 박중훈의 인중이 짧다.)그가 전쟁 후 노환으로 죽을 때까지 장수했다는 주장도 있지만 전쟁 중 사망한 것으로 보고 짧은 인중은 수명이 짧을 수 있고 또한 자식과 인연도 약하다고 볼 수 있는데 전쟁 중 작은 아들이 전사했다.
  입술이 뒤집어져 보여서 두툼한 편인데 윗입술이 더 발달했다(배우 유해진의 입술이 두툼하다).

볼 살이 없는데다 턱뼈에 살가죽만 앙상하게 붙어 있는 듯 보여서 생긴 건 억세 보이고 춥고 외로워 보인다. 턱뼈 자체가 빈약한편은 아니다.
체력이 좋았기에 수염이 기품 있고 좋은데 홀쭉한 볼을 수염이 잘 커버하였을 것이다. 만약 수염이 없었다면 훨씬 독하고 살벌해 보였을 것이다.

이상으로 미루어 볼 때 현재의 영정 사진보다 인상이 강하며 잘 생기거나 덕망 있는 얼굴도 아니고 다소 편고한 얼굴에 희로애락의 표현이 드물고 근엄한 얼굴이다. 잘생긴 연예인 얼굴에 익숙해있는 현대인과는 전혀 딴판이다.

얼굴 중 입술이 말려 있는 것과 붉은 수염은 모두 노년이 안 좋은 것인데 만약 안 죽고 살았더라면 전후(戰後)의 생활은 외롭고 쓸쓸하며 고생했을 것이다.

얼굴은 편협하고 다소 꾀죄죄한 형이었던바 이런데도 그가 큰 인물이 된 데에는 눈빛의 신기가 강하고 초라한 몰골에도 불구하고 얼이 커서 남들이 막대하지 못하는 위엄이 있었다.


## 대한의군 참모중장 특파 독립대장 안중근

'대한의군 참모중장 특파 독립대장 안중근'
위의 이름은 안중근의 공식 직함이다. 당신께서도 스스로 '장군'이라 부르라고 적들에게 요구했다.
두 눈의 크기가 약간 다르다 한국인치고 눈이 큰 편이다. 기이한 발전이나 재주가 있다.
눈썹, 입 모두 가로로 일자형인데 타의에 의지하지 않는 자수성가 형이다. 자립심이 강하다.

안중근과 그의 어머니 조 마리아 여사.

꽉 다문 한일자의 두꺼운 큰 입인데 굳은 의지가 있다. 그의 어머니도 굳게 다문 강직한 기운이 입에 묻어난다. 근엄한 입술이다. 그의 굳건함은 어머니 기운을 물려받았다.

눈꺼풀이 얇다. 눈꺼풀이 얇으며 눈과 눈썹이 가까이 붙어 있으면 성격이 칼칼하고 까칠하여 싫고 좋음을 분명히 표현하며 눈에 거슬리는 일을 그냥 참고 넘어가지 못한다. 의인열사형은 거의 눈꺼풀이 얇은 편이다. 눈썹 뼈가 돌출한 편은 아니지만 눈두덩이 꺼져있어 눈썹 뼈의 선이 분명하다. 눈썹 뼈가 돌출하면 고집이 세다. 역시 고집이 약하지는 않다.

손을 보자. 그 유명한 약지 손가락이 짧은 게 보인다.

## 유관순 열사

인상이 강해 보인다. 독하겠다고 생각하기 보다는 강해 보인다. 독하다는 것은 고집이 센 것이지만 강해 보인다는 것은 좀 더 포괄적이다.

눈썹이 짧다. 눈썹은 형제, 친구나 동료를 뜻한다. 그녀의 의로운 행동에 동조자가 별로 없었고 감옥에 갇혔을 때도 그녀를 위해 힘 있는 사람의 구원자가 없었다.

눈이 삼각안이다. 삼각안에 큰 눈이다. 큰 눈은 순발력이 좋고 앞뒤 안 가리고 저돌적이다. 삼각안은 강폭하고 급하며 마음에 독기가 강하다.

눈 입 모두 거의 일자형에 가깝다. 기교나 술수보다는 직선적이고 남에게 의지하지 않고 자립심이 강하다.

보통 세로로 갸름한 계란형이 일반적 미인의 얼굴인데 옆으로 퍼져있다. 이런 얼굴은 어떤 방법으로라도 자신이 목적하는 바를 이루려 한다.

광대뼈가 발달해 있다. 광대뼈는 사회성을 보며 세상과 맞서 싸워가며 살아가는 힘을 나타낸다. 광대뼈가 얼굴 전체에서 폭넓게 자리하고 있다. 뭔가 자기가 할일이 있으면 과단성 있게 해치운다.

눈빛이 세다. 그녀의 강렬한 카리스마는 크게 세 가지로 축약된다. 단호한 눈빛, 강렬한 광대뼈, 힘 있는 턱선!

타고난 기골이 강하고 억척스럽다.

역사에 가정이란 없지만 평화로운 시대에 태어났다면 남편으로 부터 사랑이 부족하여 스스로 살아야 하기에 당차고 억세게 가정을 끌고 나가는 그런 여성이 되었을 것이다. 이런 형은 현대에는 케리어우먼으로 크게 성공하는 조건이 되기도 한다.

도산 안창호도 횡골이 심하다. 젊을 적에는 이미지가 깔끔하지만 옥중 생활로 고초를 겪으면서 살이 빠지자 옆으로 도드라진 횡골이 나타난다. 횡골은 목적을 위해 과격한 수단도 마다하지 않는다.

사랑스럽고 다소곳한 그런 여성상은 아니다. 열사는 아무나 되는 게 아니다.

## 마피아 두목

### 루치아노

뉴욕 갱단의 1대 보스로 갱단의 연합을 결성하여 오늘날 마피아의 원조가 되었다.

눈의 좌우가 다른 자웅안이다. 한쪽은 하삼백안이고 한쪽은 게슴츠레해 보인다. 이런 음양안(자웅안)은 교활하고 간교한 재능이 있다.

눈의 특이함 외에 전체상은 탄탄해 보인다. 그렇기에 암흑가의 제왕이 되었으면서도 천수를 누릴 정도로 오래 살았다.

**마피아 루치아노와 알카포네.** 서양인은 눈과 눈썹이 붙어있는 경우가 많다. 서양인과 동양인은 관상법이 조금 다른데 동양인은 눈과 눈썹이 붙어있으면 성격이 까다롭고 재물운은 부족하다고 본다. 서양인도 근본은 크게 다르지는 않으나 동양인보다 흉함은 덜하다. 그 이유는 동양과 서양의 음양의 특성에서 비롯된다.

### 알 카포네

시카고 갱단의 전설적인 두목이다. 얼굴에 상처가 있어서 스카페이스란 별명이 있었다.

영화 대부의 주요 모델로서 말론 브란도의 두툼한 하악각은 알 카포네의 두툼한 하관의 외형을 차용한 것으로 보인다. 대부는 알 카포네를 주요 모티브로 루치아노의 행적도 같이 버무렸다.

금주법 당시에 불법 주류 유통으로 떼돈을 벌었다. 코끝이 살집이 있으면서 아래로 드리워졌다. 코끝이 아래로 드리워지면 즉흥성보다는 치밀하고 정제된 계획으로 확실한 마무리로 해치운다. 코끝에 살이 있으면서 아래로 드리워지면 음탕한 기운이 강하다. 카포네의 죽음은 매독이 중요한 원인중 하나다. 콧뿌리가 튼튼하여 기세가 강하다.

하관이 좋아 부하운이 좋다. 이런 강한 기세로 뒷골목을 누비고 다녔는데 금주법, 살인, 폭력 등의 강력 범죄가 많았지만 어떠한 증인 증거도 부족해서 그의 죄명은 그저 탈세였다.

보통 미국 마피아라고 하면 알 카포네가 유명하지만 루치아노는 갱단 연합을 주도한 전국구급 제왕이었고 알 카포네는 단지 시카고에서 제왕이었으므로 루치아노의 영향력이 더 컸다. 하지만 루치아노는 오래 살아서 삶의 드라마틱한 영화적 요소가 적어서 인기가 부족했다. 그게 대중에게 덜 알려진 이유다.

## 러시아 푸틴 대통령

관상을 보는데 있어서 세부적으로 눈코입귀가 어떻다고 하는 미시적 관점이 있고 크게 전체형을 보는 방법이 있다. 전체형을 보는 방법은 한마디로 그 사람이 지닌 기상(氣相)을 보는 것이다. 이를 일러 관인팔법이다.

일반적으로 관인팔법은 큰 분류라서 세부적 묘사보다는 인물의 크기를 가늠하는데 장점이 있다. 이중에 4가지는 좋거나 그럭저럭 괜찮고 4가지는 나쁘거나 불운한 경우다.

### 관인팔법
1. 위맹지상(威猛之相)
   위세와 위엄이 있고 용맹한 상으로 한 국가의 지도자들이 많다.
2. 후중지상(厚重之相)
   후덕하고 엄중한 상으로 일반적으로 재상격이라 칭한다.
3. 청수지상(淸秀之相)
   깨끗하고 준수한 상으로 돈보다는 명예를 중히 여긴다. 일반적으로 학자와 공무원들이 여기에 속한다.
4. 고괴지상(古怪之相)
   고태(古態)스럽고 괴상한 상으로 예술이나 수도자, 종교인 등

특수한 전문 분야의 인물이 많다.

5. 고한지상(孤寒之相)

쓸쓸하고 가난한 상으로 독신자이거나 부모덕이 부족한 경우다. 근래에 비혼자가 많으나 그들 모두 고한지상은 아니다.

6. 박약지상(薄弱之相)

얇고 유약하며 기가 쇠약해 불운한 상으로 단명하거나 고독하고 가난하여 생활에 어려움이 많다.

7. 완악지상(頑惡之相)

완고하고 포악한 상으로 명석하나 악하다. 천성이 악하여 주위에 협조자가 많지 않고 운이 나쁘면 그 생활(행동)로 인한 범죄자가 될 수 있다.

8. 속탁지상(俗濁之相)

저속하고 혼탁한 상으로 완악지상처럼 나쁘지도 않지만 전체적으로 불운한 일이 많아서 고생을 많이 한다.

이상이 관인팔법이다. 여덟 가지로 나누었다.

러시아의 블라디미르 푸틴 대통령은 관인팔법으로 볼 때 위맹지상이다. 그는 러시아에서 확고한 일인자다. 수십 년째 연임을 하고 있는데 러시아에 푸틴만한 위맹을 지닌 자가 없기 때문이다.

그가 권좌에서 물러날 때?

스스로 물러나지는 않을 것 같고 그를 능가할 만한 위맹지상이 나타나야 할 것이다.

## 뛰어난 언변력의 최태민

인물에 대해 관심을 갖고 보면 최순실보다 그의 아버지인 최태민이 더욱 흥미로운 사람이다. 최순실은 아버지의 도움으로 손쉽게 박근혜에게 접근했고 박근혜를 배후 조종한 셈이다. 단순하다. 하지만 최태민의 행적이나 능력은 그것보다 훨씬 광범위하고 폭넓다.

최태민은 정신적인 능력에 있어서 탁월한 실력을 지녔다. 3대 종교를 통합해서 '영세교'라는 새로운 종교를 만든 것을 보면 종교의 기능과 역활 그리고 종교가 지속될 수 있는 영속성 등을 잘 파악하고 있었다(영세교는 과거 조희성의 영생교와는 다른 교다).

사이비 종교나 신흥종교를 창시하는 사람들의 공통점은 당연한 거짓말도 신뢰가 가고 뭔가 있을 것 같은 말솜씨와 행동을 보이며 개인 간의 대화에서도 친화력이 걸출하여 이내 좌중을 휘어잡는 능숙함이 있다. 그 능력을 바탕으로 재물도 착취하고 사람도 매료시킨다. 목사로 알려졌지만 신학을 정식으로 공부한 적도 없고 스님으로도 활동했으며 그런 과정 속에 수많은 다른 이름을 지녔다.

최태민은 무일푼으로 북에서 월남하여 엄청난 부를 이뤘는데 그 상당 부분이 한마음회 등 당시의 박근혜로 부터 비롯된 권력형 비리였다. 가족은 총 6명의 부인으로부터 9명의 자녀를 둔 것이 공식기록이지만 드러나지 않은 이성문제는 더 많았을 것이다.

박근혜에게 접근하여 처음에는 어머니 육영수 여사의 얘기로 취약한 심성을 자극했는데 사이비 종교를 창시할 정도의 화술이라면 당시의 나이어린 박근혜 정도를 휘어잡는 것은 아주 쉬웠을 것이다.

일부에서는 최태민에 의해서 최면술에 걸렸다는 주장도 있다. 박근혜는 최태민 부녀에 대한 것은 맹목적인 신뢰를 보였으며 이성적인 판단력을 상실한 것으로 보인다. 이런 현상은 최면술에 걸렸을 경우 나타나는 행동이다. 개인적으로 최면술의 얘기가 설득력이 있어 보인다. 박근혜 외에는 누구도 최태민을 좋아하지 않았다. 박정희가 둘의 관계를 떼어 놓으려고 노력했으나 박근혜의 의지가 완강했고 실제로 외형적으로 드러난 둘의 관계는 깨끗했다. 하지만 그게 영적인 의지였는지 사랑인지는 명확하지 않다. 박근령이나 박지만도 최태민을 경계하고서 노태우 (당시)대통령에게 '최태민으로 부터 박근혜를 구해 달라'는 탄원서를 제출했다. 가족 외에도 주변의 지인들이 최태민을 경계하라는 의사를 전달했지만 유독 박근혜는 최태민에게 매달렸다. 박근혜가 그렇게 죽고 못 살 정도의 매력이라면 누구나 좋아했을 것이지만 그렇지 않았다. 최면술 얘기가 설득력이 있어 보이는 이유다.

관상에 특이점이 하나 있다. 사진을 보면 양쪽 귀 위쪽 부분에서 입가로 비스듬히 연결되는 'V'형의 골이 지어져 보인다. 이런 골이 얼굴에 비치는 자는 흔하지 않다. 이런 골은 타의 추종을 불허하는 언변력을 지니게 된다. 풍수 속담에 '인걸은 지령이다' 말이 있다 .인물이 되려면 하다못해 논두렁 기운이라도 받아야 된다는데 기운은 골을 지며 드러나게 된다. 산에서는 이런 골을 용의 흐름으로 본다. 얼굴 역시 골 따라 기운이 흐르게 된다. 그 골을 따라 흐르는 기운이 입 꼬리로 들어간다. 입 꼬리에 굉장한 에너지를 지닌바 이는 언변력이다. 머리골은 종종 있다. 그들은 장군이 되거나 권력을 잡는 경우가 많다. 그런데 이렇게 입으로 향하는 뺨의 골은 아주 희귀하다.

이마를 볼 때 명석하다. 걸출한 언변과 명석한 두뇌를 가졌으니 그에게 세상은 만만한 곳이었다. 박근혜는 최태민과 그의 딸인 최순실까지 2대에 걸쳐 시달렸다. 사위였던 정윤회도 여기에 포함된다. 우리가 볼 때는 시달린 것이겠지만 박근혜로서는 자신을 진정으로 이해하고 다독여 주는 사람이었을 것이다.

현실이 무엇이든 최태민 일가에 대한 박근혜의 전폭적인 신뢰는 상식적으로 이해하기 어렵다. 아마도 전생에서 부터 비롯된 어떤 은원관계가 있었을까?

### 양은이파 조양은

조양은씨는 조직폭력배와는 전혀 어울리지 않는 깔끔한 외모를 지녔다. 서방파 김태촌은 누가 봐도 인상이 험악해 조직폭력배라고 하면 그럴 듯해 보이는데 조양은은 샤프하고 군더더기 없이 깔끔하며 갸름한 턱선은 그저 성깔 좀 있어 뵈는 지식인의 모습이다. 더구나 폭력조직 두목이라면서 의외로 눈빛도 깨끗한 편이다.

**조양은** 양은이파 두목으로 한때 3대 패밀리 중의 하나였다.

오래전 일본의 대표적 폭력조직의 총 두목이 금연, 금주에 여자관계도 담백하고 그런 철저한 청교도적 금욕주의자가 일본 최대 폭력 조직 두목이라는 게 밝혀지면서 화제가 된 적이 있었다. 이렇듯 가끔은 사람의 모습이 우리의 선입견을 벗어날 때가 많다. 사실 조무래기가 아닌 두목 급이라면 그런 절제된 행동이 아니고서는 최고자리에 오르기도 힘들 것이다.

 상을 보자.

 귀가 얇다. 귀와 이마를 볼 때 어릴 적에는 부유한 집안출신은 아닌 걸로 보인다. 설사 부유한 집안이라도 자신은 그 혜택을 못 받고 자랐다고 봐야 한다. 광대뼈가 좋은 편이라 타향서 살아야 더 출세하는 팔자다. 이마가 뒤로 넘어갔기에 공직과는 거리가 멀다. 인당은 적당하다. 조금 좁은 편인데 성깔이 있어 보인다. 짙은 눈썹을 가졌다. 이는 전형적인 두목의 눈썹으로 두목의 기운이기는 한데 길이가 짧아 눈을 제대로 보호하지 못하기에 두목으로서 그 수명은 짧거나 허울뿐일 수 있어 한때로 그친다. 눈두덩이 극히 얇다. 서양인에게 이런 눈두덩은 흔하지만 동양인으로서는 이례적이라 할 만큼 눈꺼풀이 얇다. 이는 돈이라면 몰라도 부동산과는 인연이 박하다는 것을 알 수 있다. 또한 깐깐한 성깔이 있다.

 코 뿌리가 꺼지지 않고 콧날이 바로 서 있어 자존심이 강하고 체력이 좋고 기세 있으며 강단 있다. 콧방울을 봤을 때 재물을 많이 취하면 탈이 난다. 둔주는 아래로 쳐져 치밀한 계략으로 움직이며 생각이 깊다. 눈이 깊은 편이다. 이렇게 눈이 들어가면 고여서 섞는다고 보기에 안 좋다. 하지만 눈 모양새는 날카롭고 위엄 있다. 눈빛이 깊어 상대를 꿰뚫어 보는 안목이 있다. 눈 꼬리가 파여 처와 자식의 인연이 약하다.

 광대뼈가 앞으로 발달하지 않고 옆으로 나온 편인데 이는 남을 생각지 않는 이기적인 성격이다. 옆으로 발달한 광대뼈를 횡골이라 한다. 광대뼈에서 귀로 이어지는 명문이 투출해 있는데 이는 신장의 기운이 강하고 체력이 좋고 또한 장수의 한 조건이 되기도 한다. 인중이 짧아 보이는데 인중이 짧은 것이 아니라 둔주가 아래로 내려와 인중을 내리 덮고 있다. 어찌되었던 이는 누당, 와잠과 더불어 살펴볼 때 자식과의 인연이 박하다.

입은 넉사자 형태다. 약간 작은 듯하면서 힘 있고 단아하게 자리하고 있어 귀한 입이다. 이는 가늘어 치아 수가 많을 것이다. 치아 수가 많으면 황제의 상이라 했다. 턱 선이 가늘지만 뼈가 강하여 턱도 기운이 있다고 할 것이나 그래도 빈약해 보이니 노년이 좋지 않을 걸로 보여 노후를 잘 준비해야 한다.

목소리가 약간의 쇳소리가 섞인 게 말이 맺고 끊음이 분명하다. 목소리에 기운이 있다. 전체적으로 이렇게 기세 있고 단아하면 뭘 하던 어느 정도 인물은 된다. 하지만 이렇게 곱상한 외모로 어떻게 한국을 대표하는 조직의 일인자가 될 수 있는가 하는 것이다. 그게 다른 것이라면 몰라도 폭력조직의 두목이라는 데는 약간의 의문이다. 더구나 그가 감방에 있을 동안 그의 조직은 더욱 커지는 기이한 현상이 발생했다.

목소리의 끊어짐이 분명하고 눈빛도 좋고 눈모양도 위엄 있다. 그가 폭력조직이 아닌 다른 무엇을 해도 성공을 거두었을 것이다. 왜 그리 되었을까, 옆으로 뻗은 광대뼈의 기운은 이기적이고 흉포하다. 초년은 운이 안 좋았다. 운이 안 좋은데 체력은 좋고 명석하나 그의 능력을 사용할 길이 없다. 시대적 환경에 그렇게 내몰렸고 또한 얼굴에 지닌 날카로운 살성과 무리짓는 걸 좋아하는 나쁜 심성으로 자신의 복록을 다 누리지 못했다.

부족한 하관을 볼 때 많은 부하를 거느린 것 또한 자기분수를 넘어섰기에 화를 부른 듯싶다. 하관이 부족하니 일정규모 이상으로 조직이 커지자 자기 부하들이 자기 뜻대로 움직이지 않았다.


### 영화감독 심형래

외모가 모두 큼지막해 보인다. 다만 한가지. 코가 작지 않지만 코 길이가 극단적으로 짧다. 혹은 코가 길더라도 콧대가 낮은데 콧망울

만 솟았다면 역시 대동소이하다.

보통 사람은 코가 아래위로 긴 직삼각형이다. 하지만 심형래는 거의 정삼각형이다.

사회적 위치가 있는 유명인으로 심형래 외에 정삼각형의 코 형태는 거의 없다.

콧대가 이렇게 짧지만 코가 솟았기에 작아 보이지는 않는다. 콧망울이 좋다면 순발력과 창의력이 탁월하고 미래를 보는 안목도 있다. 신지식인으로 선정되기도 했으며 얼굴선이 굵어서 뭘 하든 스케일이 크다.

단점은 지속적인 힘이 약하다 기의 흐름을 항구적으로 이어가지 못한다. 자기 사업을 할 경우 오래 못 간다는 단점이 있다.

논리적으로는 기술과 능력을 겸하고 있으니 크게 성공할 수 있는 조건을 갖추었다. 하지만 현재 파산상태에 있으며 수억의 채무가 있다. 능력과 상관없이 운이 그렇게 흘러가는 것이다.

코가 두루뭉술하게 풍성하니 성격도 호탕하고 마음도 넉넉하다. 하지만 앞으로도 사업은 말리고 싶다. 아무리 큰 성공을 하더라도 다시 실패를 경험하게 된다. 열에 아홉은 그렇게 된다.

그의 창의성과 아이디어를 살리면서 뛰어난 언변과 사람을 잘 사귀는 호방한 성격을 모두 충족시킬 수 있는 방법은 대학교수가 가장 좋지 않을까. 하지만 그것은 내 생각일 뿐이고 자신감과 힘이 넘치니 돈만 있다면 뭐든 하려고 달려들 것이다. 천성불개(天性不改)란 말이 생각난다.

턱 중앙에 홈이 파여 좌우로 갈라졌다. 강인한 면이 있다. 그저 사람 웃기는 바보 영구는 아니다.

코의 길이가 극단적으로 짧은 이런 형은 김구라도 마찬가지다. 뭔가를 지속적으로 영속하지 못하고 중간에 파산이나 좌절을 겪게 된다. 김구라는 얼굴 중앙부가 우묵한 형태라서 둘이 같지는 않지만 얼굴이 옆으로 넓으며 삼정 중 중앙부가 짧다는 것은 같기에 비슷한 운명적 패턴을 보이는 특성이 있다. 순간적인 기치나 순발력이 아주 탁월하다는 장점도 같다.

## 김종필의 2인자론

2005년쯤에 부여에 있는 부여초등학교에 중소규모의 공사를 현장 직원으로 일하고 있었다. 당시에 부여 인근을 지나는 고속도로는 없었고 논산에서 부여로 가는 주도로는 굽은 길의 2차선 지방 국도였기에 대전에서 부여까지 출퇴근이 아주 고역이었다.

부여초등학교 교단 한곳에 김종필 전 총리가 이곳 출신이란 것을 알리는 조그만 비석이 하나 있었다. '길이라도 좀 하지, 이름만 있지 좋은 게 하나도 없네….'

김종필은 총리 등의 힘 있는 자리에 오래 있었고 부여는 백제의 옛 수도였기에 개발의 명분도 충분했지만 자기 고향에

**김종필** 외모와 달리 목소리는 탁성이다. 가히 옥에 티다.

는 길하나 제대로 하지 않았다. 정작 부여에서는 그가 고향을 등한시 한다고 서운해 하지 않을까 하는 그런 생각이 들었다. 개인적 인품은 참 사심 없는 사람이구나 하고 김종필을 다시 보는 계기가 되었다.

박정희 정권에서 김종필은 2인자였다. 차기 주자로 확실한 카드였고 그에게 정권을 물려준다는 얘기도 떠돌았다. 시간이 흘러 3김 시대에도 2인자였다. 남들보다 탁월한 정치적 감각과 재능이 있으며 나름의 2인자 처세론이 있는 것 같다.

3김 중 둘은 대통령이 되었고 김종필은 2인자로 가장 오래 있었기에 대통령이 될 확률이 가장 높았을 텐데 그는 왜 대권을 차지하지 못했을까.

그도 남들처럼 조상묘도 이장하고 이판사판의 별 노력을 다 했다. 단순히 대권 운이 없었다고 하면 할 말이 없다. 운이 아닌 타고난 자질과 재능에서 살펴보자.

선명한 얼굴형상은 이미 보통 사람보다 앞서 있다. 그에 상응하는 식견도 갖추었다. 하지만 목소리의 매력이 보통 사람보다 떨어진다. 탁성이다. 평소에는 외모의 매력만 보다가 막상 대선 본선이 펼쳐지면 타 후보와의 설전에서 목소리의 비교평가에서 뒤처지는 것이다. 말을 할수록 목소리를 듣고 있는 것이 답답해진다. 다른 후보의 경쾌하게 귀에 쏙 들어오는 선명한 목소리보다 어눌한 목소리에서 매력이 떨어지고 신뢰감이 떨어지는 것이다. 목소리가 좋지 못한 것은 김대중 전 대통령도 마찬가지였다. 3김 중 목소리는 김영삼 전 대통령이 제일 좋았고 제일 먼저 대통령이 되었다.

김종필만이 갖는 남다른 특징이 있다. 남들과 나란히 섰을 때 고개가 앞으로 나와 얼굴이 좀 더 앞쪽에 있다. 이것은 2인자의 자세다. 얼굴이 더 앞쪽에 위치하기에 남들보다 더 잘 보이고 정세변화를 빨리 감지할 수 있다.

아울러 최고위자를 잘 볼 수 있으니 그의 의중을 헤아리는데 능하고 최고위자 또한 여러 명이 나란히 서 있어도 남들보다 김종필이 좀 더 눈에 들어오게 된다. 목이 긴 편도 아니다 얼굴이 앞으로 나왔는데 턱이 나온 거만한 형태도 아니기에 조금만 고개를 숙여도 공손한 자세가 된다.

최고권자가 되려고 한다면 최고위자의 기분만 잘 읽을게 아니라 전체를 잘 살펴야 전체를 이끌 수 있는 안목이 생긴다. 최고위자는 고개를 반듯이 들고 있어야 전체를 살필 수 있다. 머리는 반듯하게 세워야 하고 턱을 내밀면 권위적이고 거만하다. 하지만 다소 거만하다는 것은 남 눈치 안보고 자기 본위적이다. 이것은 곧 최고위자의 조건이기도 하다.

그가 만년 2인자에 머문 것은 그의 능력이 그만큼 뛰어났기 때문이며 또한 1인자의 심기를 잘 헤아렸기 때문이다. 하지만 뛰어난 2인자의 자질 때문에 1인자의 능력은 부족했다.

─이글은 수년 전 작성되었다.

인연이 없어 원고가 골방에 묵혀 있던 중 2018년 6월 23일 김종필 전 총리가 타계했다는 소식을 들었다. 당사자가 세상을 뜨고 나자 이제야 빛을 보게 되었다. '一人之下 萬人之上'이라는 말이 있다. 한 사람 아래, 만 사람 위라는 뜻인데 지나고 보니 그에게 가장 합당한 말이 되었다.

고인의 명복을 빈다.


### 이완구 전 총리

두상의 전면에 얼굴이 있고 후면은 침골이 있다.

면상은 얼굴의 각 기관이 위치해 있는데 이는 겉으로 드러난 양의 형상이다. 반면 후두부는 표피가 외관을 싸고 있을 뿐 특별한 기관이 없다. 이는 음의 형상이다.

면상은 양으로 밖으로 드러난 상황이며 사회적인 역할을 담당한다면 후두부의 침골은 음으로 내부의 가정적인 일을 담당하는 곳이다. 후두부가 도독하게 발달했다면 가족과 가정에 쏟는 애정이 돈독하다.

침골에 대한 고사가 하나 있다.

> 중국 송나라 때 장요봉이라는 사람이 자신의 운명을 묻고자 진희이를 찾아왔다.
> 진희이가 말하기를
> "선생은 얼굴은 풍성한데 침골이 없군요. 늙으면 자식이 없고 궁핍함을 면치 못할 것입니다."
> 장요봉은 호방하게 웃어 제꼈다.
> "나한테는 아들 넷과 딸 하나가 있는데 모두 모두 건강하게 잘 자라고 있으니 당신의 말은 당치도 않습니다."
> 그로부터 채 3년도 지나기 전에 아들 넷을 모두 잃고 딸 하나만 남았다.
> 장요봉은 크게 놀라서 황급히 진희이를 다시 찾아왔다.
> 진희이는 간략히 한마디 했다.
> "앞으로의 일은 선생 하기에 달렸습니다. 선정을 베푸세요."
> 그때 흉년이 거듭되어 민심이 흉흉했는데 장요봉은 진희이의 말을 좇아서 어려운 이웃을 돕는데 심신을 아끼지 않았다.
> 그렇게 몇 년이 흐른 후 어느 날 장요봉는 꿈을 꾸었는데 백발의 노인이 나타나 장요봉의 침골을 쪼개는 것이었다. 꿈속에서도 얼마나 아픈지 너무 아파서 꿈에서 깨어났다. 꿈에서 깼는데도 그 아픔이 너무 생생하여 무심결에 침골에 손이 갔다. 순간 손바닥에 툭 불거진 침골이 잡히는 것이었다. 없던 침골이 돋아난 것이다.
> 그 후 자식이라고는 딸 하나 남았지만 그 딸이 인종황제의 황후가 되었고 장요봉은 태사의 벼슬을 얻었고 다시 아들 셋을 얻었다.

면상은 양이니 겉으로 드러난 것이지만 침골은 음으로 안에 숨겨진 것이니 발현이 느리다. 하지만 그 중요성은 앞면의 면상 못지않다. 후두부가 발달하여 튀어나오면(짱구 머리) 가정적이고 성실하다.

얼굴의 앞면은 양이고 뒷면(후두부)은 음이다. 일반적으로 음과 양이 적당한 비율로 조화를 이루되 음이 양을 감싸고 있는 것이 좋은 모양이다. 안면보다 머리가 커야 한다.

안면이 크면 사회생활에 재능을 나타낸다. 하지만 가정적으로는 좋은 모양이 아니다. 처자로부터 동떨어져 외롭다. 가정을 이루고 지키기가 어렵다. 평생 저축도 별로 없으며 사회활동이 활발하며 그런 곳에서 삶의 의미를 찾는다.

사진은 이완구 전 총리다.

후두부보다 안면이 큰 형상이다. 양은 크고 음은 작다. 더구나 목도 굵어 인상도 강하고 정력적이다. 기운이 강하여 앞을 뚫고 헤쳐나가는 능력은 좋은데 꼼꼼히 뒤를 챙겨줄 보좌진은 부족하다.

하지만 이것은 자신의 타고난 운명적 요소이기에 뒤를 잘 챙겨줄 능력 있는 보좌진 만나기가 쉽지 않다. 타고난 인연이 약하기 때문이다.

얼굴의 면상보다는 상대적으로 후부두가 부실한데 만약 후두부가 좋았다면 섬세하게 디테일을 챙길 테니 뇌물 비리에 연루되어 총리직에서 물러나는 일도 없었을 것이다. 뇌물이 있냐 없냐가 중요한 것이 아니라 그 처리 과정에서 인간미가 부족했다.

## 노무현의 주름살

노무현의 이마에는 작은 주름이 합쳐 큰 주름이 강력하게 뭉쳤다. 법령의 주름도 아주 진하다. 주름살은 얼굴피부가 두꺼울 때 나타난다. 그래서 나이 들면서 자연스럽게 형성된다. 상학에서는 얼굴 피부가 얄팍하고 여린 것 보다는 두꺼운 것이 좋다고 판단한다.

이름은 단순하게 붙여지는 것이 아니라 때로는 그 이름에서 이미 의미를 내포하고 있는 경우가 많다. 예를 들면 흉터란 것도 흉한 자리란 뜻이니 풍수로 본다면 흉가 내지는 터가 세서 아무 것도 할 수없는 그런 땅이다. 그래서 특정부위에 흉터가 있으면 그곳의 살집이 좋아도 그 기능을 제대로 발휘 못하는 것으로 볼 수 있다.

주름은 단순히 주름이라 하지 않고 죽일 살(煞)자를 넣어서 주름살이라고 한다. 주름은 작은 주름이 모여 큰 주름을 이루고 이 주름을 주름살이라 칭한다.

이마는 보통 천인지의 세가닥의 주름이 지는데 노무현의 이마에는 이게 하나로 뭉쳐 굵고 진한 주름을 만들었다. 세 개가 있으면 균형을 잘 이룬 것이다. 그런데 이렇게 하나만 있으니 균형이 깨졌다. 그래서 안정성이 부족하다고 할 수 있다. 하지만 안정성의 부족만큼 세 가닥이 하나로 뭉쳐 강력한 기세를 지녔다. 세 가닥이 잘 있는 것 보다 단기승부에서는 월등한 실력을 발휘한다. 하지만 천인지의 균형이 부족하기에 장기전은 불리함을 말 할 수 있다.

노무현의 대통령 재임시절 신선한 충격을 준 사건이 하나 있었다. 당시 00건설 사장이 노무현의 형님인 건평씨에게 로비를 한 것이었는데 그 사건이 세상에 드러나면서 노대통령이 한 방송 프로에 나와서 한 말인즉 "서울대까지 나왔고 똑똑하신 분이 뭐가 아쉬워 시골서 농사짓는 분에게 청탁을 하느냐"

이런 취지의 발언이었는데 얼마 후 그 사장은 자살을 했다. 아마 모멸감을 견디지 못한 것 같다. 자고로 선비는 목을 칠 지언즉 욕은 보이지 말라는 전형을 보여주는 것이었다.

그 죽음은 정, 재계 모두에게 충격을 주었고 그 후로는 대통령 친인척 가족에 대한 로비는 일절 발생하지 않은 것으로 알고 있다. 그 일로 인해 노무현 또한 자신의 말 한마디로 사람이 죽었다며 후회를 많이 했고 괴로워했다.

주름살이 강하면 살생을 좋아한다고 했다. 그래서 그런지 노무현은 나이 많고 노회한 정가의 실력자라기보다 언론, 법관 할 것 없이 투쟁적이었고 직선적이었다. 이런 그의 성향은 돈도 조직도 없이 대통령 후보까지 되었고 그의 기세 있는 광대뼈는 전국민이 그를 옹호했다. 그런 정가투쟁에서 승리하게 한 요인은 보통의 경우 광대뼈가 중요하지만 노무현의 경우는 광대뼈가 나타내는 사회성보다 하나로 뭉쳐진 깊은 주름살에 기인한 것이라고 본다.

권양숙 여사는 눈꼬리에서부터 천창을 거쳐 역마뼈가 아주 발달해 있다. 이쪽 전체가 두둑하여 앞이마 쪽 전체가 두둑하게 보인다. 이런 역마뼈의 발달은 타향서 성공을 말할 수 있는데 퇴임 후 고향으로 다시 돌아갔으니 안 좋았고 부인의 이런 강한 기운은 남편을 출세시키게 만들었지만 한편으로는 여성의 이런 강한 기세는 상부살(남편을 죽이거나 상하게 하는 살기)이기도 하다.

상을 볼 때 배우자도 같이 살핀다. 배우자의 부족한 기운을 부인이 채워주는지 혹은 특정한 강한 기운이 남편에게 위해가 되는지 살피는 것이다. 미혼자라면 부모를 살피는데 딸은 아버지, 아들은 어머니의 상을 참조한다. 다만 배우자와 부모의 상은 참조하는 방식에는 차이가 있으니 이것 정도는 비급으로 남겨둬야겠다.

주름살의 위력은 생각보다 강력하다. 나보다 주름살이 강한 자와는 싸우지 마라. 못 이긴다. 눈빛은 그것보다 더 강력하다. 노름판에서 나보다 눈 맑은 사람이 있으면 끼지 마라. 절대 그 사람 돈 못 딴다.

### 마광수 교수의 갑(甲)자형 얼굴

마광수 교수는 2017년 9월 5일 자살로 생을 마감했다. 그에 대한 이력은 언론과 뉴스에서 많이 봐왔을 테니 생략하고 상을 보자.

십자면법으로 갑(甲)자 형이다. 이마가 넓고 턱은 좁은데 갑자형은 머리가 좋아서 주로 두뇌를 사용하는 직업군에 많다. 이마가 좋으니 일찍 두각을 드러내는 경우가 많지만 노년은 불행한 경우가 왕왕있다 (아… 나도 갑자형인데, 갑자형에 갑자일주… ㅋ….).

이마가 참 좋다. 이마에 굴곡이 없고 전체가 둥글다. 거의 둥근 원형에 가깝다. 둥근 탓에 양쪽 모서리는 좀 부족한 편이라서 천창부위가 약하니 명성만큼 재물은 모으지 못했다.

눈썹이 성글어서 명석하나 팔자 눈썹이 완연하다. 팔자눈썹은 지혜롭기는 하나 가정사는 엉망이다. 짧은 결혼 기간을 제외하고는 거의 독신으로 살았다. 마른 사람은 감각이 민감한 편이다. 실전(?)보다는 열등감 때문인지 책속에서 성적인 상상의 나래를 맘껏 펼쳤다.

인중이 희미하다. 자식궁도 약하다.

결혼 기간 동안 자식은 없었다.

세상은 그의 글을 사회규정에 반하는 풍기문란으로 구속시켰지만, 탁월한 글 솜씨에 녹아든 성적 상상은 단연 발군의 실력이었다.

범인이 그의 천재성을 이해하기가 쉽지 않다. 그저 외설스럽게만 보인다.

참 귀한 인재가 갔다. 영면에 이르시기를.

### 유해진 입술

유해진은 입 전체가 두둑하게 앞으로 튀어 나왔다. 구강구조가 그렇게 생겼다.

또한 입이 큰 편이다. 튀어나온 입에다가 입술도 두툼하게 뒤집어져 보여서 인물을 영 배려 버렸다. 입 부위를 제외하고 코까지 얼굴 상부는 그런대로 봐줄만 하다.

외모 탓에 주연 보다는 조연이 많지만 조연 중에서는 일급 배우로 인정받는다.

윗입술 부위를 식록이라 하는데 식록이 이렇게 두툼하면 먹을 복이 있다. 먹을 복이란 재물 복 중 가장 기본적인 복이다. 기본적인 재물복이 있으니 그가 출연하는 영화중 주연에 가까울수록 최소한 기본적인 관객동원이 가능할 것이다. 그는 최소한의 기본적인 인기가 있기 때문이다. 그걸 우리는 흔기 인기(人氣)라 한다. 연예인은 기본적으로 인기로 먹고 사는 직업이다.

아랫입술이 두툼하면 사랑을 많이 받을 입이다. 인기 있는 입술이다. 연예인 치고 아랫입술이 얇은 사람은 거의 없다. 유해진은 위아래 양 입술이 두툼하다. 입과 입술이 큰것 까지는 좋으나 입 전체가 돌출되어 보인다. 과도한 경우다.

그가 아직 미혼인 가장 큰 이유로 입의 돌출로 보고 있다. 배우자 운이 안 좋다.

나쁜 입 모양의 하나로 취화구라고 있다. 불을 부는 듯이 입이 앞으로 툭 튀어나온 형태를 말하는데 비해 유해진은 그냥 입 전체가 두둑한 형태라 취화구라고 보기가 애매하다.

튀어나온 입 형태에 미릉골(눈썹뼈)도 강하다 삶의 기복이 큰 편이고 그만의 외고집이 강하다.

어느 예능프로에 출연한 것을 보니까 무한 긍정에 소심하고 쪼잔하며 줏대없이 허허실실이다. 하지만 내면은 아주 강하고 자신의 주관이 확고하다. 취화구는 노년이 외롭다고 했다. 취화구가 아니라도 역시 좋은 입은 아니다. 노후 대비를 잘 했으면 좋겠다.


**한비야의 광대뼈**

한비야를 볼 때마다 광대뼈가 참 웅장하다고 느낀다. 내가 만나거나 테레비를 통해서 본 인물들 중 전체를 통틀어도 몇 손가락 안에 들 것이다.

광대뼈가 발달하면 사회적 출세는 기본적으로 보장된다. 광대뼈는 중년기의 운세에 특히 강하다. 한비야는 잘 다니던 직장을 걷어치우고 배낭 하나 메고서 세계 여행을 떠났고 지금은 국제 구호 팀장으로 사회사업가로도 이름을 날린다. 여성의 오지여행이 위험하지 않을까 싶지만 그녀의 웅장한 광대뼈가 사회성을 발휘하여 가는 곳마다 새로운 바람을 일으킨다. 비교
적 광대뼈가 밋밋한 나로서는 참 부러운 일이다.

다만 여성은 광대뼈가 (너무)크면 배우자운이 불량해진다. 최근 결혼했다는 뉴스를 본적이 있다. 배우자 운이 나쁘니 그걸 피해가느라 결혼이 늦었다. 만약 이전에 결혼했다면 50대가 되기 전에 이혼했을 가능성이 많다.

이제 광대뼈의 기운이 미치는 시기가 지났으니 해로(偕老) 하지 않을까 싶지만 그래도 부부운이 안 좋으니 주말부부나 기러기 부부 등 배우자와 떨어져 산다면 무난하지 않을까 생각한다.

코가 작지 않지만 광대뼈가 웅장해서 코는 뺨에 묻힌 듯이 보인다. 광대뼈가 웅장해서 코를 압도하면 자신을 잘 이해해줄 수 있는 공처가 남편이 제격이다.

하지만 기본적으로 웅장한 광대뼈는 남편복이 부족하다. 배우자에 대해 너무 많은 것을 요구하고 바란다면 거기서 문제가 생긴다. 욕심을 부리지 말아야 한다.

## 부창부수―빌 게이츠와 멜린다 게이츠

빌 게이츠는 참 귀한 상이다. 그가 이끈 인터넷 문명은 우리 삶을 한 단계 진일보 시켰다.

그는 단순히 역사상 뛰어난 위인이었다. 그런데 결혼 후 인류를 위한 그의 헌신에 세상이 존경하는 인물이 되었다. 빌 게이츠가 돈을 버는 재미에 그의 부를 쌓아 놓고만 있었을 때 멜린다와 결혼 하였고 자선활동과 빈민구호 등 사회사업에 관심이 있던 멜린다는 남편을 설득시켜 게이츠 재단을 만들었다.

빌 게이츠는 인류를 어떻게 발전시키는지 보여 주었고, 멜린다 게이츠는 개인의 부를 어떻게 사용하는지 보여 주었다. 빌 게이츠의 재능이 없었다면 재단이 출범하지 않았겠지만 개인의 부가 어떻게 사회복지에 사용되는지 사례를 보여줌으로서 멜린다 여사를 더 높이 평가 하고 싶다.

**빌게이츠와 메린다 게이츠** 메린다 게이츠는 상이 참 좋다. 코가 큼지막하면서도 끝이 부드러우니 타고난 천복이 있다. 사람의 인연과 운명에 가정은 없지만 이렇게 생기면 남편이 빌게이츠가 아니더라도 그녀는 훌륭한 삶을 살게 된다.

세상에 부자는 많다. 그들 모두가 존경하는 사람은 아니다. 부를 어떻게 사용하느냐에 달린 것이다. 똑 같은 물을 마셔도 소는 우유를 만들고 뱀은 독을 만든다. 물이 잘못된 것이 아니라 사용자에 따라 달라진 것이다.

빌 게이츠는 귀한 상이고, 멜린다의 넉넉한 인품은 그보다 더 아름답다. 멜린다 게이츠는 세상에 모습을 잘 드러내 않는다. 그 흔한 유명인의 이미지 사진도 별로 없다. 게이츠 부부의 재단을 만든 인물이지만 개인적 사생활은 극히 알려진 게 없다.

그들 부부를 볼 때마다 인연과 운명에 대해 생각한다. 그들이 부부가 된 것이 과연 타고난 운명의 인연으로 보인다.

사진을 보면 여성으로서 코가 정말 크다, 크고 넉넉하게 보인다. 타고난 재복이 있다. 하지만 멜린다의 다리는 남자처럼 굵고 튼튼하다. 살이 많아서 통통한 게 아니고 다리 근육이 불거져 우람하게 보인다. 적당히 통통하다면 대지를 굳건히 받치니 안정된 기반이라 하겠으나 과하다. 상학적으로 여자의 저런 다리는 고생을 많이 하는 다리다. 부를 잘 사용하기 위해서 힘든 노고를 치루고 있는 걸로 보인다. 부에도 그만한 대가가 따른다.

### 사족(蛇足) 그리기

#### 생활의 달인

역사적으로 소문난 3대 악처가 있는데 그 첫째가 소크라테스의 부인이었고 동양인 중에서는 공자의 부인을 최고의 악처 반열에 올린다. 그들이 유명한 철학자가 된 것은 자신이 잘나서가 아니고 순전히 악처덕분이다

하루 종일 마누라가 바가지를 얼마나 끌어 대는지 밥을 안 먹어도 배가 부르다 그리고 나도 유명한 철학자들처럼 몇 가지를 깨달았다

기본적으로 부인이 있으면 피곤하다. 특히 산에 가거나 할 때는 그 힘든짓 왜하냐고 떽떽거린다.

문을 나설 때 다시는 돌아오지 않기를 기도하는 건 아닌지….

나 몰래 고액의 보험을 들어 놓은 건 아닌지….

바위산은 낙상사고도 많다는데.

마누라가 다정한 얼굴로 사과를 깎아주겠다고 칼을 들고 오면 내가 깎아 주겠다고 하며 재빨리 칼을 뺏어서 내가 깎는 게 마음 편하다. 평소 호신술 하나쯤은 익혀두는 게 좋다.

부인과 한 방에서 자는 것은 목숨을 담보 잡히는 아주 위험한 짓이다. 꼭 같이 자야 할 경우 내가 잠든 사이 무슨 짓을 할지 모르니 마누라 손을 꼭 잡고 잔다.

마누라가 해주는 밥을 생각 없이 날름 받아먹어서는 안 된다. 물한 그릇도 독약을 탔을지 모르니 마누라를 시킬게 아니라 가급적 내손으로 직접 떠먹어야 한다.

소크라테스나 공자가 어떻게 위대한 철학자가 되었는지 알 것 같은 어느 날.

부록
## 관연재(觀然齋)

이 글들은 카카오 스토리 채널
관연재(https://story.kakao.com/ch/faceread)에
올린 제가 살아온 이야기의 일부입니다.

# 관연재(觀然齋)

## 아기는 신의 축복입니다

　내가 태어날 당시 어머니는 43세였고 아버지는 어머니보다 10살이 더 많았다. 아버지 힘도 좋으시지, ㅎㅎ.
　큰형님은 장가를 가서 이미 손자까지 있는 상태에서 자식을 또 낳는다는 게 너무 창피해서 임신동안 내내 쉬쉬하며 지냈다. 임신이 아닌척 하며 지낸 또 다른 이유는 키울 형편이 못되었기에 임신 내내 아기를 없앨 궁리만 했기 때문이다.
　위로 형님과 누님이 많은지라 출산 경험이 많았기에 출산 시점을 짐작하는 것은 쉬웠다.
　아침에 밥을 하다말고 산기를 느끼고 어머니는 산으로 올라갈 채비를 서둘렀다. 산에서 아기를 낳고 그냥 버리고 올 생각으로 집을 나서는데 산기가 싹 가시는 것이었다. 산에 갈 이유가 없어졌으니 다시 밥을 하다가 경황없이 나를 낳았다. 이 과정 중에 아마도 눈에 보이지는 않지만 삼신할매의 힘이 작용하지 않았나 싶다. ㅎ.
　일단 낳기는 했는데 키울 마음이 없었다. 양자로 보낼 곳을 수소문하여 일본인이 나를 데려가기 위해 집을 방문했다. 다행히 이 시점에 큰누나가 나를 업고 산으로 피신하여 그 일본인이 갈 때까지 산에서 내려오지 않았다. 날은 저물어 가는데 무작정 기다릴 수 없어서 가까운 시일 내에 다시 오기로 하고 그날은 빈손으로 돌아갔다. 누나는 그 일본인이 돌아간 눈치를 살피고 집으로 내려왔다(이 일과 관련하여 아직 한 번도 누나에게 제대로 인사를 못한 것 같다. 이 자리를 빌어서 감사의 인사를 드린다).

  그 후 어머니는 그 일본인에게 먼저 연락을 하지는 않은 것 같았다. 차마 자기 자식을 보낼 수 없어서 차일피일 미루고 있었고 그 일본인도 먼저 전화해서 자식을 달라고 하기가 미안했던지 먼저 연락이 오기만을 기다리는 그런 상황이 쭉 이어졌다. 그렇게 몇 달 후 그 일본인이 먼저 연락이 왔는데 기다리다 지쳐 포기하고 일본으로 완전히 돌아가기 전 마지막으로 연락한 것이었다. 이때는 이미 마음이 많이 누그러져 당장 양자를 보내는 것은 포기하고 있었다.

  그동안 어머니는 부모로서 도리는 했지만 여느 아기처럼 애지중지하는 그런 마음은 약했다. 나는 기억을 못하지만 나의 무의식은 그런 것을 감지하고 있었던 것 같다. 자라면서 한 번도 병원에 가본 적이 없었다. 어머니 말에 의하면 한 번도 아픈 적이 없었다고 하는데 나의 의식은 버려질까봐 불안했기에 키우는데 아무 어려움이 없으며 말 잘 듣고 착한 아이였다. 한 번도 아프지 않을 수는 없었을 텐데 아마도 이 과정에서도 삼신할매의 보살핌이 있었지 않았을까.

  말을 못하는 간난아기도 잠재의식과 영혼은 모두 느끼고 감지하고 있다. 그러니 아무것도 모르는 갓난아기라고 함부로 막 대하면 안된다. 자신의 기억은 없어도 이 시기에 아이의 인격이 형성되고 완성되어 가는 시점이다. 그리고 그 의식은 평생을 따라다닌다.

  내가 내 자식을 키워 보면서 새삼 자식은 사랑으로 키워야 됨을 느낀다. 또한 자식은 부모가 직접 키워야 된다. 맞벌이 한다고 외가나 친가의 할머니 손에 맡겨 키우는데 아무리 잘해도 그건 엄마가 키우느니만 못하다.

  어머니는 차마 자식을 버리지 못해서 조금만 더 커거든 또 조그만 더 커거든, 또 자기 앞가림 정도만이라도 할 수 있을 때까지만, 이렇게 시간을 보내며 학교 갈 시점이 되자 더 이상 양자를 보내기는 어려워졌다.

그렇게 양자를 보낼 궁리만 하다가 결국 보내지 못하고 수년전에 다시는 돌아올 수 없는 곳으로 떠났다. 이제 더 이상 팔려갈 걱정을 안 하고 산다. 얼마나 마음이 편한지 모른다.

그런데 어머니가 안 계시자 마음이 편한 것이 편하지 않다.


## 어머니

나는 시골에서 자랐다.

고등학생 때 소 모는 법을 배웠는데 쟁기로 밭을 갈 때는 묵직한 쟁기 몸체를 잡고 있는 힘도 있어야 되고 일정한 골의 깊이나 일직선으로 쭉 곧은 골을 만드는 기술도 필요하다.

소와 협력하여 밭을 가는 일은 힘은 들지만 재미있다. 그에 비해 때약볕 아래서 고추를 따는 것은 힘든 일은 아니지만 햇볕이 따가워서 일하기가 짜증스럽다.

어머니는 매 여름이면 등 전체에 땀띠가 나서 살갗이 오돌토돌했는데 그 땀띠는 가을까지 잠복해 있다가 찬바람이 부는 12월이 되어야 가려움을 수반하며 낫게 된다. 등에 땀띠가 나도록 일을 하지 않으면 안 되는 환경이란 걸 그때는 몰랐다. 어머니는 6년간 죽만 드셨다. 먹을 게 없으니 죽만 드신 것인데 그 후로도 평생 죽은 안 좋아하셨다.

언젠가는 감 농사 수확을 하는데 가랑비가 내리기 시작했다. 과일박스는 종이 재질이기에 비에 취약하다. 감도 몇 박스 되지 않았고 상태도 안 좋은 것이었기 때문에 수익도 몇 푼 되지 않을 텐데 이렇게 짜증나고 구질구질한 일은 그냥 때려치우고 싶었다. 하지만 어머니는 비닐 천막을 치고 결국 일을 다 끝냈고 몇 일후 몇 만원이라도 손에 쥘 수 있었다.

그때 알았다. 머리로 이해가 아니라 반드시 세월의 연륜이 쌓여서 직접 경험으로 견뎌내서 내 것이 되는 것! 그것은 인내심이었고 도저히 내가 넘어설 수 없는 영역이었다.

따가운 햇볕과 힘들고 열악한 환경 그게 싫어서 농촌을 벗어났고 지금은 도시에 살면서 직장생활을 한다. 농사라면 짠한 넌더리가 날 텐데 사람마음이란 참 알 수가 없다. 논밭을 보면 감회가 남다르다.

2012년 어머니가 돌아가셨다. 항상 뒤늦은 후회를 한다. 살아계실 때 더 잘할 걸.

어머니가 그립고 보고 싶다!



## 역마살의 말뚝

[역마살 중 마구간에 묶여 움직이지 못하는 살을 '마방마 역마살'라 하며 다리가 꺾인 '절족마'와는 차이가 있다]

보통 20대가 되면 진학, 군대, 직장, 결혼 등 그런 과정들은 모두 사는 곳을 옮기는 요소가 될 수 있다. 나는 그게 유독 심했는데 시골서 살았으니 초등학교(당시는 국민학교)는 산을 하나 넘어 다녀야 했고 중학교를 4년 만에 졸업하면서 동기들과 멀어진 게 그 서막이었으며 고3 때는 학교 앞에서 잠시 하숙을 했는데 집을 떠나 살게 된 첫 출발이었다. 그렇게 시작된 타지 생활은 약 15년간 떠돌아다니게 되었는데 결혼하기 전까지 한곳에서 가장 오래 산 것이 2년 반 정도였다. 그 2년 반이 군 제대 후 대학생활이었으며 그 후에도 다시 휴학, 복학, 제적, 재입학을 거치면서 학적부는 누더기를 기운 듯 너덜

너덜해졌고 졸업장은 쥐었지만 올바른 면학은 되지 못했다.

물론 그 당시로서는 어쩔 수 없는 필연이거나 최선의 선택이었지만 짧게는 6개월 길어도 채 3년이 안 되는 시간, 그런 생활이 쭉 이어지며 결혼 전 마지막으로 살던 곳이 캐나다 밴쿠버였으며 어느 듯 30대 중반에 이른 시점에 잠시 고향에 있을 때였다.

가진 것도 재능도 부족했기에 결혼은 강 건너 불구경만큼이나 남의 일이었다. 하지만 운명처럼 부부의 인연이 닿는 사람이 있었지만 장모님은 나를 탐탁지 않아 하셨다. 나의 생활이 불안했기 때문이었다.

장모님의 결혼 조건은 단 하나였다
"삯월세라도 좋으니 너희들이 살집을 하나 마련하게."
단 하나의 조건이지만 그게 버거웠다.
'이 나이 먹도록 대체 뭣하며 살았기에….'

그전에는 잘 몰랐는데 내 자신이 참 초라하고 보잘것없으며 꾀죄죄했다. 다행히 어머니의 힘을 빌어(어머니는 항상 절대적인 힘과 능력을 지녔다) 담보대출을 통해 1칸짜리 원룸 전세를 신혼집으로 마련했지만, 그 집이 채 1년이 못되어 경매로 넘어가면서 보증금의 절반 이상을 떼이고 그 집을 나와야 했다. 그때는 이미 결혼한 상태라서 내가 빌린 담보대출에 새집을 구하기 위한 마누라의 직장인 보증대출이 더 보태졌다. 나 혼자의 불운을 결혼으로 마누라까지 수렁 속으로 끌어들인 꼴이었다.

결혼 이듬해 애가 생겼는데 신장 한쪽이 안 좋아서 출생 후 신생아 중환자실에 입원해 있었는데 그때쯤이 가장 어려웠다. 생활이 어려워지자 마음도 위태롭고 날카로워 졌다.

'좀 더 여러 가지를 살피고 신중히 결정할 걸 너무 성급하게 결혼만 서두른 것 같다.'

35살의 결혼이 빠른 편도 아니었지만 경솔한 결정을 한 것 같아 후회되고 마음이 참참했다.

그 시간들을 어떻게 지나 왔는지 모르겠다.

결혼 전 그렇게 떠돌아다닐 수밖에 없었는데 결혼 후에는 대전에서만 15년째 살고 있다. 아내는 나를 묶어두는 말뚝이 되었다. 말뚝에 묶인 짐승은 처음 묶일 때 고통스럽지만 곧 적응하게 된다. 내가 그랬던 것 같다.

수 년전 아들의 신장검사를 위해 병원을 찾았다.

"놀라운 복원력입니다 이제 정상이니 더 이상 신장 때문에 병원에 올 필요는 없습니다."

의사의 말이었다.

아직도 전셋집을 전전하고 있지만 이제 빚도 다 갚아서 그런지 몇 년 전부터 마음이 참 편하다. 아버지가 어릴 때 돌아가셨는데 내가 받지 못했던 사랑을 아들에게 전할 수 있어서 다행이고 직장과 가족이 있는 평온한 일상이 더없이 행복하다.


## 학(學)자 콤플렉스

오래전 초등밴드에 초등학생(경북 칠곡 북삼초등학교 44회) 시절의 일을 올렸다. 그 당시 오전 두 시간 마치고 중간체조 시간이 있었는데 포크댄스를 추는 것이었다. 남녀가 둥글게 원을 그리고 돌아가면서 짝을 지워 율동을 하고 그런 거였는데 그 당시 우리는 직접 여자애의 손을 마주 잡기가 쑥스러워 짧은 나뭇가지를 주워서 그걸 맞잡고 같이 율동을 하고 그랬다. 그러고는 그 체조시간이 끝나면 교실로 들어가면서 여자와 손을 잡았다고 재수 없다 그러며 수돗가에서 손을 씻었고 그런 기억들이었다.

내가 그런 회상을 하자 동창 너도나도 그런 기억을 어렴풋이 떠올렸다.
　한 친구가
"광종이 기억력 쩐다. 난 그때일 하나도 기억이 안 나는데…."
　나라고 특별한 기억력이 있는 게 아니라 나에게 제대로 된 학교의 추억이라고는 초등학교가 전부였다. 오직 그것밖에 없으니 그래서 기억하는 것이다.
　중학교는 4년 만에 졸업했더니 원래 동기들과 후배들 이렇게 아는 사람은 많은데 가까운 이가 없고 고등학교도 그 연장선이었으며 대학교는 휴학 제도가 있어서 학교를 다니다 말다 한 게 더 심했다. 대학교는 휴학 복학으로도 모자라서 제적 재입학까지 치루며 학적부가 누더기를 기운 듯 너덜너덜해지고서야 어찌 학교는 졸업장을 쥐었다.
　학문을 하는 것은 늘 어렵고 책이란 것은 항상 저 높은 곳에 있어서 내가 제대로 따라가기가 너무 버거웠다. 그나마 초등학교 정도가 제 때에 맞춰 따라다닌 곳이었다.
　관상에 얼굴 명칭으로 사학당이 있고 팔학당이 있는데 학당(學堂)이란 학문을 공부하는 곳이란 뜻이 아닌가. 왜 하필 학당이라 이름 지었을까. 얼굴의 눈코입귀를 통해서 보고 듣고 말하는 이런 모든 일련의 행동들이 모두 배워서 공부하는 것이란 뜻인 것 같다. 그래도 학(學)자가 들어간 글자만 보면 지레 겁을 집어 먹는다.
　'과연 저기는 무탈하게 온전히 배울 수 있을까….'
　그런데 그 학당이 있는 관상책을 내 손으로 만들었으니 이제 학문이란 글자만 보면 쪼그라드는 마음을 조금은 극복한 한 것일까. 관상학이 아닌 칼럼이란 이름으로 학자를 그럴듯하게 비켜갔다. 얼마나 다행인가! 학자만 보면 주눅이 드니 이를 미루어 볼 때 관상의 물형 법상 아마도 내가 학(鶴)상은 아닐 것이다.　ㅎ.
　고향을 떠나 살다가 우연한 기회에 고향을 방문했더니 친구들은 예나 지금이나 그대로 그 자리에 쭉 그렇게 살고 있었는데 나만 혼자 외롭게 살았던 것 같다. 중학생 때 교통사고가 나면서 내 생활이 어긋나더니 무려 30년 가까이 먼길을 빙 둘러서 이제 제자리로 찾아온 듯 한 느낌이다. 멀고 낯선 길을 혼자 둘러가는 그 시간동안 마음이 참 힘들었다. 그런데 걷다 보니 혼자 걷는 길 인줄 알았는데 어느새 내 곁에는 부인이 함께 걷고 있었고 아들도 같이 가고 있다.

지금은 전처럼 불안하고 위태로운 마음이 덜하다. 두렵고 떨리는 가슴으로 하루의 행복에 감사와 사랑을 담는다.

## 글을 마치며

지난 10월 집안 행사 때 가족들이 모였다.
조카가 기자인지라 혹시나 해서 물었다.
"혹시 아는 출판사 있냐?"
"많죠. 뭣하게요?"
"책 하나 내게…."
"주제가 뭔대요?"
"관상칼럼"
"책은 아이템만 좋으면 돼요"
"……?!"
난 입을 닫고 더 이상 얘기 하지 않았다.
아이템이 좋은지 어쩐지는 따져봐야겠지만 그전에 그 말 자체가 틀렸다고 보기 때문이다.
'아이템만 좋으면?'
좋은 아이템이란 합리적이고 논리적이라는 건데 그 말은 세상 어디에나 통용된다. 사업이든 정치든, 어디 책에만 해당되는 사항이랴.
근데 지극히 합리적 그 생각에 난 전혀 그렇게 생각지 않는다. 오히려 역으로 과연 우리 사는 세상에 합리적이고 논리적인 곳이 어디 있는가 하고 묻고 싶다.
머리가 똑똑해야 출세한다. 지극히 합리적인 생각이다. 맞다. 그런데 현실은 그렇지 않다. 혹은 남들보다 더 열심히 노력해야 성공하거나 앞선다. 맞는 말이다. 그런데 현실은 그렇지 않다. 해마다 수많은 여고생이 성적비관으로 자살한다. 그들은 노력 않고 요행만 바라다 자살한 걸까? 아니다 자기 목숨을 걸어도 안 되는 건 안 된다는 걸 알았기 때문이다.

우리가 특정 정치인 비리는 많고 일도 못하면서 자기 잇속만 챙긴다고 그렇게 욕하면서도 다음 선거에서 역시 그 사람이 당선된다. 조·중·동 나쁜 언론이라고 욕하면서 광고는 거기에 의뢰한다.

정말 세상은 지극히 비합리적이다. 기본적으로 여기에 준해서 세상을 다시 봐야한다. 과연 어떤 조직, 어떤 사회, 어느 곳이든 우리 사는 세상에 좋은 아이템이 있다고 성공하는 그런 합리적이고 공정한 그런 곳이 있는가? 부도나는 대부분의 회사가 아이템이 나빠서 부도 나는게 아니다.

우리가 사는 세상은 합리적이고 공정한 세상이 아니라 그런 세상을 바라며 사는 것이다. 좋은 사람, 능력 있는 사람, 이런 것은 노력보다는 타고난 영향이 크다. 물론 그걸 극복하고자 교육을 한다.

**관상은 좋은 사람, 능력 있는 사람을 판별하는 하나의 수단이다. 또한 자신이 좋은 사람이 되는 길을 공부하는 것이다.**

**좋은 삶을 살려면 간단한 준비물이 하나 있다.** 아니 어쩌면 어려운 준비물일지도 모르겠다. 그것은 '좋은 나'를 준비해야 된다.

지은이 유광종.

## 참고문헌

- 「최창조의 새로운 풍수이론」, 최창조, (주)민음사, 2009.
- 「新 토정비결」, 편저자 白珖(백광), 관음출판사, 2013.
- 「주역강의」, 신원봉 옮김 문예출판사 1997.
- 「우주변화의 원리」, 한동석, 대원출판, 1966.
- 「사주정설」, 백관영, 명문당, 2002.
- 「관상」, 이남희, 도서출판 다밋, 2006.
- 「관상과 수상」, 이남희, 다밋, 2007.
- 「관상」, 편저 김현남, 나들목, 2015.
- 「김현남의 횡설수설 관상학」, 김현남, 하늘북, 2013.
- 「꼴」(1, 2, 3, 4, 5, 6, 7, 8, 9), 허영만, 위즈덤하우스, 2008.
- 「초보자를 위한 관상학」, 신기원, 대원사, 1991.
- 「관상오행」, 정상기, 삼한 출판사, 2017.
- 「부자되는 관상비결」, 전인호, 케이앤피북스, 2009.
- 「관상」(1, 2), 백금남, 책방, 2013.
- 「소설 관상」(1, 2), 성원규, 글, 1994.
- 「얼골경」, 마의천, 동반인, 2009.
- 「천하가 이 손안에 있소이다」(상, 하), 최문재, 명지사, 2001.
- 「얼굴은 답을 알고 있다」, 최창석, 21세기북스, 2013.
- 「출세·성공할 관상은 어떤 얼굴인가」, 마의, 남궁진, 글벗사, 1993.
- 「관상보감」, 백운학, 민예사, 2001.
- 「운명은 머물러 있지 않는다-관상편」, 김태균, 양림, 2003.

- 「조용헌 살롱」, 조용헌, 램덤하우스, 2006.
- 「음양오행오행으로 가는 길」, 어윤형·전창선, 세기, 1998.
- 「생긴대로 살아야 건강하다」, 조성태, 샘이 깊은물, 2007.
- 「얼굴을 보면 병이 보인다」, 황선종 옮김 쌤앤파커스 2008
- 「한국인 이야기 6」, 김현룡, 자유문학사, 2001.
- 「택리지」, 이중환, 을유문화사 1993.
- 「예언자」, 여설하 평역 열매출판사 2004.
- 소설 「동의보감」(상, 중, 하), 이은성 창작과 비평사, 1990.
- 「관상수업」, 백수진 나들목, 2017
- 「유장상법」, 원충절, 이대환 역, 여산서숙 2013.
- 「상법정화」, 위천리, 이대환 역 여산서숙, 2013.
- 기타 월간역학(발해인 전용원) 등 다수의 잡지와 신문 및 인터넷 기사 참조.

## 김 동 환 표 역리서 시리즈

(01) 「사주의 정석 1」, 4/6 배판, 372쪽 내외, 값20,000원
(02) 「사주의 정석 2」, 4/6 배판, 352쪽 내외, 값20,000원
(03) 「사주의 정석 1」, 4/6 배판, 362쪽 내외, 값20,000원
(04) 「실전사주 간명사례 모음집 1」, 200쪽, 값20,000원
(05) 「실전사주 간명사례 모음집 2」, 230쪽, 값20,000원
(06) 「이름도 명품이 있습니다」, 272쪽 내외, 값20,000원
(07) 「관상의 정석 1」, 신국판, 240쪽 내외, 값20,000원
(08) 「명리의 정석 1」, 신국판, 292쪽 내외, 값20,000원
(09) 「실전사주간명사례 108제」, 282쪽 내외, 값20,000원
(10) 「고수들의 숨은 기술 비밀과외」, 368쪽, 값20,000원
(11) 「별난 사람들의 별난 사주이야기 108제」, 값20,000원
(12) 「숫자를 알면 운명을 바꿀 수 있다」, 384쪽, 값20,000원
(13) 「천간지지활용 통변 비해108제」, 370쪽, 값20,000원
(14) 「어찌 알리오, 신의한 수 108제」, 352쪽, 값20,000원
(15) 「통변술해법으로 풀어본 사주이야기 108제」, 352쪽, 값20,000원

김 동 환 표 역리서 시리즈는 앞으로 계속출간 됩니다.

김 동 환 표 역리서 시리즈는 저자인 김 동 환 원장의 명예를 걸고 편집 제작 된 도서로서 학인들이 공부하는 도중 문제점이나 의문점을 전화 통화나 또는 방문하여 질의응답을 친절하게 받으실 수 있으며 가족처럼 함께 이 길을 갈 수 있도록 모든 것을 안내 해드립니다.

저자 **김동환** 합장

# 新四柱講義錄 全3卷 完刊
## 독학으로 공부하는 강의록

역술계의 巨擘 변만리 선생님의 力作인 新四柱 강의록은 필경사를 동원하여 직접 手記로 쓴 책으로 후학지도 용 교재로만 오랫동안 사용 되었으나 선생님께서 타계하신 후 학인들의 열화와 같은 요청에 의해 서점판매를 결정하게 되었으며 초등반 고등반 대학반 전3권으로 완성되었습니다. 지금부터 전국대형서점에서 만나보실 수 있습니다. 신사주학 강의록 전3권만 정독하시면 최고의 도사요 달변술사로 성장할 것입니다.

### 이 책의 4대 장점
1. 이론이 간단해서 쉽게 배울 수 있다.
2. 개성 적성 지능을 척척 알 수 있다.
3. 누구나 쉽게 이해 할 수 있도록 엮었다.
4. 실례 위주로 흥미진진하게 풀이하였다.

본 강의록으로 공부하시는 학인들은 학습지도교수가 궁금증이나 의문사항을 문의하시면 직접지도 해드립니다.
지도교수 **김동환** 070-4103-2367(변만리역리연구회장)

4/6배판 | 540쪽 내외 | 값 38,000원 | 변만리 저 | 자문각

# 通變大學
### 통변은 사주의 꽃이다

　역술계의 巨星 변만리 선생님께서 수년간에 걸쳐서 독자적으로 개발한 감정의 最高書인 통변대학은 수십 번을 재발간해서 문하생들의 절찬을 받았던 책으로 후학지도용 교재로 만 오랫동안 사용되었으나 선생님께서 他界하신후 學人들의 열화와 같은 요청에 의해 서점판매를 결정하게 되었습니다. 사주는 감정이 기본이고 감정은 통변이 으뜸입니다.

　五行을 正五行 化五行 納音五行別로 나누고 운명과 인간만사를 세 가지 오행별로 판단하는 원리와 요령을 상세히 밝힌 통변대학(백과사전)에서는 무엇이 正五行이고 化五行이며 納音 五行인지를 구체적으로 설명하였습니다.

　통변대학은 동양고전점술의 금자탑이요 溫故知新으로서 만리天命과 더불어 동양점술의 쌍벽을 이루며 陰陽五行의 眞理를 연구하는데 金科玉條가 될 것입니다.

　통변대학은 사주의 백과사전으로서 사주와 운세의 분석과 감정에 만능교사가 될 것이라고 확신합니다.

　본 通變大學으로 공부하시는 학인들은 학습지도교수가 궁금증이나 의문사항을 문의하시면 직접지도 해드립니다.

　지도교수 **김동환** 070-4103-2367 (변만리역리연구회장)

**通變大學** : 4/6배판 | 390쪽 내외 | 정가 25,000원

전화 : 02)926-3248　도서출판 **資文閣**　팩스 : 02)928-8122

## 六 神 大 典
### 육신은 사주의 꽃이다

　역술계의 巨星 변만리 선생님께서 수년간에 걸쳐서 독자적으로 개발한 감정의 최고 原理書인 六神大典은 수십 번을 재발간해서 문하생들의 절찬을 받았던 책으로 후학지도용 교재로만 오랫동안 사용되었으나 선생님께서 他界 하신후 學人들의 열화와 같은 요청에 의해 서점판매를 결정하게 되었습니다. 사주는 六神으로서 인간만사를 판단하게 되는데 財星이 用이고 喜神이면 得財 致富하고 출세하듯이 六神의 喜神과 忌神은 운명을 판단하는 열쇄가 됩니다. 운명과 인간만사는 陰陽五行의 相生相剋으로 판단하지만 父母 兄弟 妻 夫 子孫의 富貴貧賤과 興亡盛衰는 하나같이 육신위주로 판단합니다. 변만리 선생님은 육신대전이야말로 사주의 꽃이라 했습니다. 육신대전은 사주의 백과사전으로서 사주와 운세의 분석과 감정에 만능교사가 될 것입니다. 본 六神大典으로 공부하시는 학인들은 학습지도교수가 궁금증이나 의문사항을 문의하시면 직접지도 해드립니다.

　　지도교수 **김동환** 070-4103-2367(변만리역리연구회장)

　　　　　六神大典 : 4/6배판 | 356쪽 내외 | 정가 25,000원

　　전화 : 02)926-3248　도서출판 資文閣　팩스 : 02)928-8122

# 萬里醫學
## 만병을 뿌리채 뽑을 수 있다

　　만성병은 난치 불치병일까? 天命으로 體質을 분석하고 체질로서 병의 원인을 밝혀내며 만병을 뿌리채 다스리는 새로운 病理와 藥理와 診斷과 治病을 상세히 밝힌 治病의百科事典입니다. 환자를 상대로 병을 진단하는 東西醫學과는 달리 天命을 상대로 인체를 해부하고 오장육부의 旺衰强弱을 분석해서 어느 장부가 虛하고 病이며 藥이고 處方인지를 논리적이고 상식적으로 알기 쉽게 구체적으로 풀이함으로서 실감있게 무난히 공부함과 동시에 내 자신의병을 정확히 판단할 수 있습니다. 역술계의 巨星 변만리 선생님께서 수년간에 걸쳐서 독자적으로 개발한 萬里醫學은 수십 번을 재발간해서 문하생들의 절찬을 받았던 책으로 후학지도용 교재로만 오랫동안 사용되었으나 선생님께서 타계 하신 후 학인들의 열화와 같은 요청에 의해 서점판매를 결정하게 되었습니다. 만리 의학은 천명과 체질위주로 진단하고 처방함으로서 간단명료하고 공식적이며 오진과 약사고가 전혀 없음으로서 누구나 쉽게 배우고 활용할 수 있는 만능교사가 될 것입니다.

**萬里醫學** : 4/6배판 | 416쪽 내외 | 정가 50,000원

전화 : 02)926-3248　도서출판 **資文閣**　팩스 : 02)928-8122

# 萬里天命
## 天命은 四柱八字를 말한다

　역술계의 巨星 변만리 선생님께서 20여년동안에 열심히 연구하고 개발한 만리천명은 음양오행설을 비롯하여 중국의 점성술을 뿌리채 파헤치고 새로운 오행과 법도를 독창적으로 개발하고 정립한 명실상부한 독창이요 혁명이며 신기원의 역술서적입니다. 수십 번을 재발간해서 문하생들의 절찬을 받았던 萬里天命은 변만리 선생님께서 후학지도용 교재로만 오랫동안 사용되었으나 선생님께서 타계하신 후 학인들의 열화와 같은 요청에의해 서점판매를 결정하게 되었습니다. 지금까지의 음양오행은 강자가 약자를 지배하는 상극위주의 자연오행을 신주처럼 섬기는 동시에 格局用神과 神殺을 감정의 대법으로 삼아왔지만 지금부터는 金剋木 木극土 土극水 水극火 火극金의 相剋을 절대화해서 金은木을 이기고 지배하며 水는火를 이기고 지배하는 것을 법도화해서 태양오행과 體와 用의 감정원리를 확실히 밝힌 역술혁명서적입니다. 본 萬里天命으로 공부하시는 학인들은 학습지도교수가 궁금증이나 의문사항을 문의하시면 직접지도 해 드립니다.

　지도교수 **김동환** 070-4103-2367 (변만리역리연구회장)

만리천명 : 4/6배판 | 520쪽 내외 | 정가 50,000원

전화 : 02)926-3248　도서출판 資文閣　팩스 : 02)928-8122

# 五象醫學
## 오상의학은 불문진(不問診)이다.

　병진에는 환자가 절대적이다. 대화를 하고 진맥을 하며 검사를 해야만 비로소 윤곽을 짐작할 수 있다. 그러나 오상의학은 환자가 필요 없다. 대화나 진맥 없이 타고난 사주팔자로서 체질과 질병을 한 눈으로 관찰 할 수 있는 것이 오상의학이다. 타고난 체질이 강하냐, 약하냐, 木體냐 土체냐 金체냐 水체냐를 가려내어 지금 앓고 있는 장부가 肝이냐 肺냐 脾냐 心이냐 腎이냐를 똑바로 밝혀내고 그 원인이 虛냐 實이냐를 구체적으로 분간할 수 있다. 허와 실이 정립되면 補와 瀉의 처방은 자동적이다. 환자 없이 일언반구의 대화도 없이 보지도 묻지도 따지지도 않고 병의 원인과 증상을 청사진처럼 분석하고 진단하며 자유자재로 처방할 수 있는 완전무결한 不問診은 동서고금을 통하여 전무후무한 사상 초유의 신기원이자 의학의 일대혁명이다.

　역술계의 巨星 변만리 선생님께서 수년간에 걸쳐서 독자적으로 개발한 五象醫學은 수십 번을 재발간해서 문하생들의 절찬을 받았던 책으로 후학지도용 교재로만 오랫동안 사용되었으나 선생님께서 타계하신 후 많은 사람들의 입소문으로 열화와 같은 요청에 의해 서점판매를 결정하게 되었습니다. 이제는 번거로운 진찰이나 따분한 입원을 하지 않고서도 내 집에서 편안하게 만병을 진단하고 처방하여 다스릴 수 있다. 간단명료하고 공식적이며 오진과 약사고가 전혀 없음으로서 누구나 쉽게 배우고 활용할 수 있는 만능교사가 될 것입니다.

五象醫學 : 4/6배판 | 572쪽 내외 | 정가 58,000원

전화 : 02)926-3248　　도서출판 資文閣　　팩스 : 02)928-8122

## 陰陽五行의 眞理
음양오행의 진리는 우주와 인생의 진리이다.
새로운 占術과 醫術

　음양오행과 상생상극의 진리를 알기 쉽게 상세히 풀이함으로서 글자대로 풀이하는 중국의 음양오행의 상생상극이 터무니없는 가짜임을 논리적으로 파헤침과 동시에 중국 사주와 의학이 왜 오판과 오진투성이고 세인의 불신과 외면을 당하고 있는 이유를 철저히 밝혀냈다. 진리위주의 만리천명과 만리의학을 상세히 소개함으로서 무엇이 참다운 사주요 의술인가를 생생하게 정설했다. 만리천명과 만리의학에 입문하는 초보자에게 이책은 필수적이다. 이 책은 음양오행의 상생상극의 진리와 십간십이지와 십이운성 등 한국사주의 기초가 되는 여러 가지 원리를 다양하고 알기 쉽게 풀이한 한국사주 입문과 연구의 틀이 되는 서적이다. 역술계의 巨星 변만리 선생님께서 수년간에 걸쳐서 독자적으로 개발한 음양오행의 진리는 수십 번을 재발간해서 문하생들의 절찬을 받았던 책으로 후학지도용 교재로만 오랫동안 사용되었으나 선생님께서 타계하신 후 많은 사람들의 입소문으로 열화와 같은 독자와 학인들의 요청에 의해 서점판매를 결정하게 되었다. 누구나 쉽게 배우고 활용할 수 있는 만능교사가 될 것이다.

陰陽五行의 眞理 : 신국판 | 324쪽 내외 | 정가 15,000원

전화 : 02)926-3248　도서출판 資文閣　팩스 : 02)928-8122

# 한국사주 입문

## 한국 사주는 개성지능 적성을 척척 알 수 있다

**한국 사주는 간단명료하며 논리가 정연하다.**

한국 사주는 인간해부학인 동시에 운명의 분석철학이다. 만인의타고난 천성과 지능과 적성을 비롯해서 인간의 모든 것을 송두리째 낱낱이 파헤치고 밝혀준다. 중국 사주는 10년을 공부해도 끝이 없고 미완성이며 애매모호하지만 한국 사주는 누구나 쉽게 입문하고 완성할 수 있다.

**한국 사주는 이론이 간단해서 쉽게 배운다.**

음양오행과 상생상극의 진리를 비롯하여 인체설계도를 최초로 발견한 변만리선생님이 진리위주로 개발한 한국 사주와 의학은 글자그대로 풀이하고 통용하는 중국 사주와는 판이한 동시에 운명과 질병의 분석과 판단이 간단명료하고 정확정밀하다.

**격국과 신살을 쓰지 않고도 운명을 정확하게 판단한다.**

혹세무민 귀신타령 없는 동시에 눈치코치로 이랬다저랬다 횡설수설하는 오판과오진이 없다. 사주는 음양오행의 운기로 형성된 인체의 설계도이다. 사주를 구성한 음양오행의운기와 원리를 분석하면 타고난 운명과 질병을 한눈으로 관찰하고 판단 할 수 있다.

한국사주 입문 : 신국판ㅣ200쪽 내외ㅣ정가 10,000원

전화 : 02)926-3248   도서출판 資文閣   팩스 : 02)928-8122

여산서숙 역술도서
# 손금의 정석(1, 2)

**손금을 보면 인생이 보인다.**

　손금은 두뇌사전 이라고 한다. 손금의 이해를 통해 인생길의 방향을 정하고 숨은 재능을 찾아내어 인생길의 역경을 이겨내야 한다. 손금닷컴 유종오 원장이 심혈을 기우려 풀어놓은 손금해석의 정석이다. 손금닷컴 유종오 원장이 심혈을 기우린 역작으로 손금 최고의과정이다. 체널A 나는 몸신이다, 에 손금의 정석 유종오 저자께서 손금몸신으로 출연 썬세이션을 일으킨 손금건강 적중으로 손금의 정석이 주문쇄도하고 있습니다.

*"손금을 보면 건강이 보인다."*

손금의정석 1권 : 신국판 | 270쪽 내외 컬러판 | 값 20,000원
손금의정석 2권 : 신국판 | 320쪽 내외 컬러판 | 값 20,000원

## 작명대사전(1, 2, 3)

**글로벌 작명대사전 전 3권의 책속에 272 성씨의 모든 이름이 적나라하게 담겨졌습니다.**

　성씨별 가나다순으로 모든 이름이 지어져 있습니다.
　사주팔자에 맞는 이름만 찾으시면 작명 끝입니다.
　4/6배판 800쪽 내외 각권 값 50,000원 여산서숙 펴냄

## 관상학(시리즈 전5권)

1. 마의상법  2. 유장상법  3. 상법정화  4. 신상전편
5. 신상 후편   각권 350쪽 내외 값 20,000원

여산서숙은 역술도서만을 정성껏 출판합니다.

전화 : 02)926-3248　　도서출판 여산서숙　　팩스 : 02)928-8122